Droits d'auteur © 2924

Tous droits réservés.

Code ISBN : 9798340364227

Aucune partie de ce livre ne peut être reproduite, distribuée ou transmise sous quelque forme ou par quelque moyen que ce soit, y compris la photocopie, l'enregistrement ou d'autres méthodes électroniques ou mécaniques, sans l'autorisation écrite préalable de l'éditeur, sauf dans le cas de brèves citations incorporées dans des critiques et certaines autres utilisations non commerciales

Démenti

Les informations fournies dans ce livre sont fournies à des fins éducatives et informatives uniquement. Le contenu n'est pas destiné à remplacer des conseils financiers professionnels. L'auteur et l'éditeur n'assument aucune responsabilité pour les erreurs ou omissions ou pour les actions entreprises sur la base des informations contenues dans ce livre. Il est conseillé aux lecteurs de demander l'avis d'un professionnel pour prendre des décisions financières spécifiques.

Table des matières

Introduction **6**

BIENVENUE DANS LA RÉVOLUTION DE L'IA 6

Chapitre 1 .... **12**

COMPRENDRE L'IA DANS LES AFFAIRES 12

    Qu'est-ce que l'IA ? Une explication simple 12

    L'évolution de l'intelligence artificielle dans les entreprises 18

Chapitre 2 .... **25**

LES AVANTAGES DE L'IA POUR LES ENTREPRISES 25

    Améliorer l'efficacité et la productivité 25

    Réduire les coûts et augmenter les revenus 30

    Obtenir un avantage concurrentiel 36

Chapitre 3 .... **43**

APPLICATIONS PRATIQUES DE L'IA DANS LES AFFAIRES 43

    L'IA dans le marketing et les ventes 43

    L'IA dans les opérations et la chaîne d'approvisionnement 48

    L'IA dans la finance et la comptabilité 52

    L'IA dans les ressources humaines 57

Chapitre 4 .... **62**

METTRE EN ŒUVRE L'IA DANS VOTRE ENTREPRISE 62

    Évaluer l'état de préparation de votre entreprise à l'IA 62

    Choisir les bons outils et solutions d'IA 67

    Création ou externalisation de capacités d'IA 73

Chapitre 5 79

ÉTUDES DE CAS : LES ENTREPRISES EXPLOSENT GRÂCE À L'IA 79
    Petites entreprises tirant parti de l'IA 79
    Les entreprises de taille moyenne et le succès de l'IA 82
    Les grandes entreprises prospèrent grâce à l'IA 87

Chapitre 6 91

SURMONTER LES DÉFIS DE L'ADOPTION DE L'IA 91
    Obstacles courants à la mise en œuvre de l'IA 91
    Considérations juridiques et éthiques 94
    Stratégies pour une adoption réussie de l'IA 96

Chapitre 7 100

L'AVENIR DE L'IA DANS LES AFFAIRES 100
    Tendances émergentes en IA 100
    Le rôle de l'IA dans un monde post-pandémique 104
    Préparer votre entreprise pour l'avenir 109

Conclusion 114

EMBRASSER LA RÉVOLUTION DE L'IA 114

Introduction

Bienvenue dans la révolution de l'IA

Le monde des affaires connaît une transformation sans précédent, et l'intelligence artificielle (IA) est au cœur de ce changement sismique. L'intelligence artificielle n'est plus seulement un concept réservé aux films de science-fiction ou aux entreprises technologiques de pointe. Elle est devenue une force centrale de changement dans pratiquement tous les secteurs, du commerce de détail et de la santé à la finance et à la fabrication. Cette révolution ne concerne pas seulement les nouveaux outils ou les nouvelles technologies ; Il s'agit de changer fondamentalement la façon dont les entreprises fonctionnent, prennent des décisions et se développent. L'impact transformateur de l'IA crée de nouvelles opportunités, libère des gains d'efficacité et remodèle le paysage concurrentiel.

L'intelligence artificielle, dans sa forme la plus simple, fait référence à des machines qui peuvent imiter l'intelligence humaine. Cela inclut l'apprentissage par l'expérience, la compréhension d'informations complexes, la reconnaissance de modèles et même la prise de décisions.

Mais l'intelligence artificielle va au-delà de la simple automatisation des tâches ; Il offre la capacité d'analyser de grandes quantités de données à des vitesses bien au-delà des capacités humaines, révélant des informations qui étaient auparavant cachées. C'est pourquoi l'intelligence artificielle devient un élément indispensable des stratégies commerciales du monde entier.

L'un des aspects les plus frappants de la révolution de l'intelligence artificielle est sa large applicabilité. Que vous dirigiez une petite entreprise de vente au détail ou une multinationale, l'intelligence artificielle a quelque chose à offrir. Par exemple, dans le domaine du marketing, l'intelligence artificielle peut aider les entreprises à comprendre leurs clients mieux que jamais, en permettant des campagnes marketing hautement personnalisées qui stimulent les ventes. Dans les opérations, l'intelligence artificielle peut optimiser les chaînes d'approvisionnement, prédire la demande et même détecter les problèmes potentiels avant qu'ils ne surviennent. Dans le domaine de la finance, l'IA peut améliorer la détection des fraudes, automatiser les processus de routine et soutenir des stratégies d'investissement sophistiquées. Les possibilités sont pratiquement infinies, et les entreprises qui exploitent ces capacités sont celles qui seront les leaders à l'avenir.

Pourquoi est-ce le moment idéal pour tirer parti de l'intelligence artificielle pour réussir financièrement ? La réponse réside dans une convergence de facteurs qui ont rendu l'intelligence artificielle plus accessible et plus puissante que jamais. Tout d'abord, la quantité de données générées par les entreprises a explosé, et ces données sont l'élément vital de l'IA. Avec les bons outils, les entreprises peuvent désormais analyser ces données en temps réel, découvrant des informations qui étaient auparavant hors de portée. Deuxièmement, les progrès de la puissance de calcul signifient que les algorithmes d'intelligence artificielle peuvent désormais traiter les données et prendre des décisions plus rapidement et plus précisément que jamais. Troisièmement, l'essor du cloud computing a rendu les outils d'intelligence artificielle plus abordables et évolutifs, permettant même aux petites entreprises de tirer parti de ces technologies.

De plus, l'environnement commercial mondial n'a jamais été aussi concurrentiel. Dans ce contexte, la capacité d'agir rapidement, de prendre des décisions éclairées et de s'adapter à des conditions changeantes est cruciale. L'intelligence artificielle donne aux entreprises un avantage significatif en leur permettant de fonctionner plus efficacement, de répondre plus efficacement aux besoins des clients et d'innover plus rapidement que leurs concurrents. En bref, l'Intelligence Artificielle n'est pas seulement un outil de réussite ; C'est en train de devenir une nécessité pour la survie.

L'objectif de ce livre est de démystifier l'intelligence artificielle et de vous montrer comment elle peut changer la donne pour votre entreprise. Que vous soyez novice en matière d'intelligence artificielle ou que vous soyez déjà familier avec ses concepts de base, ce livre vous guidera à travers les applications pratiques de l'intelligence artificielle dans diverses fonctions commerciales, vous aidant à comprendre comment mettre en œuvre ces technologies dans votre organisation. Vous apprendrez à évaluer l'état de préparation de votre entreprise à l'intelligence artificielle, à choisir les bons outils d'intelligence artificielle et à créer ou externaliser les capacités nécessaires. Nous explorerons également des exemples concrets d'entreprises qui ont utilisé avec succès l'intelligence artificielle pour stimuler la croissance et l'innovation.

Ce livre est structuré pour vous fournir une compréhension complète de l'intelligence artificielle et de ses applications dans les affaires, des bases aux concepts plus avancés. Les chapitres sont conçus pour s'appuyer les uns sur les autres, en commençant par une compréhension fondamentale de ce qu'est l'intelligence artificielle et de son fonctionnement. Nous explorerons ensuite les avantages spécifiques que l'intelligence artificielle peut apporter à votre entreprise, puis nous présenterons des exemples pratiques d'intelligence artificielle en action dans différents secteurs. Nous discuterons également de la manière de mettre en œuvre l'intelligence artificielle dans votre entreprise, en abordant les défis courants et en proposant des stratégies pour les surmonter.

Que pouvez-vous attendre de ce livre ? À la fin de ce livre, vous aurez une solide compréhension du rôle de l'IA dans les affaires et de la façon dont elle peut être utilisée pour améliorer l'efficacité, réduire les coûts et augmenter les revenus. Vous comprendrez les technologies clés qui sous-tendent l'IA, telles que l'apprentissage automatique, le traitement du langage naturel et la vision par ordinateur, et comment elles peuvent être appliquées dans des scénarios commerciaux réels. Vous aurez également un aperçu des dernières tendances en matière d'IA, y compris son intégration avec l'Internet des objets (IoT) et la blockchain, et de la façon dont ces technologies façonnent l'avenir des entreprises.

La structure du livre est conçue pour être à la fois informative et pratique. Chaque chapitre commence par un aperçu des concepts clés, suivi d'une discussion détaillée sur la façon dont ces concepts sont appliqués dans des entreprises réelles. Tout au long du livre, vous trouverez des études de cas et des exemples qui illustrent le pouvoir transformateur de l'IA, ainsi que des conseils et des stratégies pour mettre en œuvre l'intelligence artificielle dans votre organisation. L'objectif est de vous fournir les connaissances et les outils dont vous avez besoin pour prendre des décisions éclairées sur l'intelligence artificielle et l'utiliser efficacement pour atteindre vos objectifs commerciaux.

En lisant les chapitres, vous constaterez que l'intelligence artificielle n'est pas réservée aux géants de la technologie ou aux industries hautement spécialisées. Il s'agit d'un outil polyvalent qui peut être appliqué dans un large éventail de contextes commerciaux, du marketing et des ventes aux opérations et à la finance. Que vous cherchiez à améliorer la satisfaction de vos clients, à rationaliser vos opérations ou à obtenir un avantage concurrentiel, l'intelligence artificielle a le potentiel de vous aider à atteindre vos objectifs.

Chapitre 1

Comprendre l'IA en entreprise

Qu'est-ce que l'IA ? Une explication simple

L'intelligence artificielle (IA) est devenue l'une des technologies les plus discutées ces dernières années, mais de quoi s'agit-il exactement ? À la base, l'intelligence artificielle est la science qui permet aux machines de penser et d'agir comme des humains. Il s'agit de créer des systèmes capables d'effectuer des tâches qui nécessitent généralement l'intelligence humaine, telles que la compréhension du langage, la reconnaissance de modèles, la résolution de problèmes et la prise de décisions. Cependant, l'intelligence artificielle n'est pas une technologie unique ; Il s'agit d'un ensemble de concepts et de techniques qui fonctionnent ensemble pour permettre aux machines d'apprendre de l'expérience et de prendre des décisions éclairées basées sur des données.

Pour comprendre l'IA, il est essentiel de saisir les principes de base qui la sous-tendent. L'une des idées les plus fondamentales de l'intelligence artificielle est que les machines peuvent être entraînées à effectuer des tâches en apprenant à partir de données. Ce processus est similaire à la façon dont les humains apprennent : par l'observation, les essais et les erreurs, et la répétition. Lorsque vous interagissez avec un système d'intelligence artificielle, qu'il s'agisse d'un assistant virtuel sur votre téléphone ou d'un moteur de recommandation sur un site Web d'achat, vous interagissez avec une machine qui a été entraînée sur de grandes quantités de données. Plus l'intelligence artificielle dispose de données, mieux elle peut accomplir ses tâches.

L'un des principes clés de l'intelligence artificielle est l'apprentissage automatique, qui est une méthode qui permet aux machines d'apprendre à partir de données sans être explicitement programmées. Au lieu de suivre un ensemble de règles prédéfinies, un modèle d'apprentissage automatique est formé sur un grand ensemble de données, apprenant à identifier des modèles et à faire des prédictions en fonction des données qu'il a vues. Au fil du temps, à mesure que le modèle est exposé à davantage de données, il devient plus apte à reconnaître les modèles et à faire des prédictions précises. C'est pourquoi l'apprentissage automatique est si puissant : il permet aux machines de s'adapter et de s'améliorer au fil du temps, tout comme le font les humains.

Un autre aspect crucial de l'intelligence artificielle est le traitement du langage naturel (NLP), qui permet aux machines de comprendre et de répondre au langage humain. Le NLP est ce qui vous permet d'interagir avec les systèmes d'intelligence artificielle en utilisant le langage courant, que vous demandiez à votre assistant virtuel les prévisions météorologiques ou que vous tapiez une question dans un chatbot. En coulisses, le NLP implique une combinaison d'apprentissage automatique et de règles linguistiques pour analyser et interpréter le langage humain. C'est ce qui permet à l'intelligence artificielle de comprendre les nuances du langage, telles que le sarcasme, l'argot et le contexte.

La vision par ordinateur est un autre composant essentiel de l'IA, qui permet aux machines d'interpréter et de comprendre les informations visuelles. Tout comme les humains utilisent leurs yeux pour voir et traiter le monde qui les entoure, la vision par ordinateur permet aux machines d'analyser et de donner un sens aux images et aux vidéos. Cette technologie est utilisée dans un large éventail d'applications, des systèmes de reconnaissance faciale qui déverrouillent votre téléphone aux véhicules autonomes qui naviguent sur les routes. En traitant des données visuelles, les systèmes de vision par ordinateur peuvent identifier des objets, suivre des mouvements et même détecter des émotions sur le visage d'une personne.

Bien que ces technologies soient impressionnantes en elles-mêmes, elles reposent toutes sur un élément essentiel : les données. Les données sont le carburant qui alimente l'IA, fournissant les informations dont les machines ont besoin pour apprendre et prendre des décisions. Dans le monde d'aujourd'hui, les données sont générées à un rythme sans précédent, des transactions que vous effectuez en ligne aux photos que vous téléchargez sur les médias sociaux. Cette explosion des données a donné à l'intelligence artificielle la matière première dont elle a besoin pour prospérer, lui permettant d'analyser de grandes quantités d'informations et de découvrir des informations qui étaient auparavant cachées.

Le Big Data fait référence aux volumes massifs de données qui sont générés chaque jour. Ces données proviennent de diverses sources, notamment des médias sociaux, des capteurs, des enregistrements de transactions, etc. Le défi du Big Data n'est pas seulement sa taille, mais aussi sa complexité. Les outils traditionnels de traitement des données ne sont pas équipés pour gérer le volume et la variété des mégadonnées, c'est pourquoi l'intelligence artificielle est devenue si importante. Les algorithmes d'intelligence artificielle peuvent traiter et analyser le big data en temps réel, en identifiant des modèles et des tendances qui seraient impossibles à détecter pour les humains.

Les algorithmes sont les formules mathématiques qui pilotent l'IA. Il s'agit d'un ensemble d'instructions qui indiquent à la machine comment traiter les données et prendre des décisions. Dans l'apprentissage automatique, les algorithmes sont utilisés pour construire des modèles capables de prédire les résultats sur la base de données. Par exemple, un algorithme peut être utilisé pour prédire si un client est susceptible d'acheter un produit en fonction de son comportement passé. Au fur et à mesure que l'algorithme traite plus de données, il devient meilleur pour faire des prédictions précises.

La combinaison du big data et des algorithmes est ce qui rend l'intelligence artificielle si puissante. En analysant des ensembles de données massifs, l'intelligence artificielle peut découvrir des modèles et des relations qui seraient impossibles à détecter manuellement. Cette capacité à traiter et à analyser les données à grande échelle est ce qui permet à l'intelligence artificielle de prendre des décisions intelligentes et de stimuler l'innovation dans tous les secteurs.

Lorsque vous commencez à explorer le monde de l'IA, il est important de reconnaître que l'intelligence artificielle n'est pas une technologie monolithique unique. Il s'agit plutôt d'un ensemble de technologies interdépendantes, chacune ayant ses propres forces et applications. L'apprentissage automatique, le traitement du langage naturel et la vision par ordinateur ne sont que quelques-unes des technologies clés qui composent l'IA, mais il y en a beaucoup d'autres, telles que la robotique, les systèmes experts et les réseaux neuronaux.

Chacune de ces technologies joue un rôle crucial en permettant à l'intelligence artificielle d'effectuer des tâches complexes et de résoudre des problèmes du monde réel. Par exemple, l'apprentissage automatique est utilisé pour développer des modèles prédictifs capables de prévoir les tendances futures, tandis que le NLP permet à l'intelligence artificielle de comprendre et de répondre au langage humain. La vision par ordinateur permet aux machines d'interpréter et d'analyser des informations visuelles, ce qui permet à l'intelligence artificielle de reconnaître des objets, des visages et même des émotions.

Au fur et à mesure que vous avancez dans ce livre, vous en apprendrez davantage sur la façon dont ces technologies sont appliquées dans les entreprises et comment elles peuvent être utilisées pour stimuler la croissance et l'innovation. Que vous cherchiez à améliorer le service client, à optimiser votre chaîne d'approvisionnement ou à développer de nouveaux produits, l'intelligence artificielle a le potentiel de transformer votre façon de faire des affaires.

L'évolution de l'intelligence artificielle dans les entreprises

L'intelligence artificielle peut sembler être un phénomène moderne, mais ses racines remontent loin dans l'histoire. Comprendre comment l'intelligence artificielle a évolué au fil du temps offre des informations précieuses sur ses capacités actuelles et le rôle transformateur qu'elle joue dans les entreprises aujourd'hui.

Le concept de machines capables de penser et de prendre des décisions comme les humains fascine les scientifiques et les philosophes depuis des siècles. Les premières idées de l'intelligence artificielle remontent à d'anciens mythes et à des histoires d'êtres mécaniques dotés d'intelligence. Cependant, ce n'est qu'au 20e siècle que le domaine a commencé à prendre forme en tant que discipline scientifique. La naissance de l'intelligence artificielle en tant que domaine d'étude est souvent attribuée à la conférence de Dartmouth de 1956, où d'éminents scientifiques se sont réunis pour discuter de la possibilité de créer des machines capables de simuler l'intelligence humaine. Cela a marqué le début de l'IA en tant que domaine formalisé, ouvrant la voie à des décennies de recherche et de développement.

À ses débuts, la recherche sur l'IA se concentrait principalement sur le développement d'algorithmes capables de résoudre des problèmes spécifiques, tels que jouer aux échecs ou résoudre des énigmes mathématiques. Ces premiers systèmes, connus sous le nom d'« IA symbolique » ou de « bonne vieille IA » (GOFAI), s'appuyaient sur des règles et une logique codées à la main pour effectuer des tâches. Bien que ces systèmes soient impressionnants, leur portée était limitée et ils n'avaient pas la capacité d'apprendre de l'expérience.

Au fur et à mesure que la technologie progressait, les ambitions des chercheurs en IA augmentaient également. Les années 1980 ont vu l'essor des systèmes experts, conçus pour imiter les capacités de prise de décision des experts humains dans des domaines spécifiques, tels que le diagnostic médical ou les prévisions financières. Ces systèmes représentaient un bond en avant significatif, car ils pouvaient analyser de grandes quantités de données et fournir des recommandations basées sur des règles prédéfinies. Cependant, elles manquaient encore de la flexibilité et de l'adaptabilité qui caractérisent l'IA moderne.

La véritable révolution de l'IA a commencé à la fin des années 1990 et au début des années 2000, avec l'avènement de l'apprentissage automatique. Contrairement aux systèmes précédents qui reposaient sur des règles rigides, les algorithmes d'apprentissage automatique pouvaient apprendre à partir des données et améliorer leurs performances au fil du temps. Ce passage de systèmes basés sur des règles à des modèles basés sur les données a ouvert de nouvelles possibilités pour l'IA, permettant aux machines de gérer des tâches complexes telles que la reconnaissance d'images, la traduction linguistique et même de jouer à des jeux à un niveau surhumain. Le succès de l'apprentissage automatique dans ces domaines a suscité un regain d'intérêt pour l'IA et a conduit à des avancées rapides dans le domaine.

De nos jours, l'IA devient un élément crucial de nombreux secteurs, dépassant le domaine de la recherche universitaire et des entreprises expérimentales. L'intelligence artificielle (IA) est utilisée dans le secteur de la santé pour interpréter l'imagerie médicale, prévoir les résultats des patients et même soutenir la chirurgie. Les algorithmes d'intelligence artificielle (IA) sont utilisés dans la finance pour alimenter les plateformes de trading, identifier les fraudes et offrir des conseils financiers individualisés. L'IA améliore le service à la clientèle, rationalise les chaînes d'approvisionnement et offre des expériences d'achat individualisées dans le secteur de la vente au détail.

Ce ne sont là que quelques exemples des différentes industries dans lesquelles l'intelligence artificielle est utilisée, illustrant sa capacité d'adaptation et son potentiel révolutionnaire. L'une des évolutions les plus importantes de l'IA est sa capacité à traiter et à analyser de grandes quantités de données en temps réel. Avec l'explosion des données à l'ère numérique, les entreprises sont assises sur une mine d'or d'informations qui, si elles sont correctement exploitées, peuvent stimuler l'innovation et la croissance. Les outils d'IA sont capables de passer au crible ces données pour découvrir des modèles, des tendances et des informations qui étaient auparavant cachés. Par exemple, dans le marketing, l'IA peut analyser le comportement et les préférences des clients pour diffuser des campagnes publicitaires très ciblées. Dans le secteur manufacturier, l'IA peut surveiller les lignes de production en temps réel pour identifier les inefficacités et prévenir les pannes. Cette capacité à transformer les données en informations exploitables est l'une des principales raisons pour lesquelles l'IA devient indispensable aux entreprises de toutes tailles.

À mesure que l'IA continue d'évoluer, son impact sur les entreprises devrait encore augmenter. L'automatisation est l'un des domaines dans lesquels l'IA est sur le point d'avoir un impact significatif. Alors que l'automatisation existe depuis des décennies, l'IA l'amène vers de nouveaux sommets en permettant aux machines d'effectuer des tâches que l'on pensait autrefois nécessiter de l'intelligence humaine. Par exemple, les robots alimentés par l'IA sont désormais capables d'effectuer des tâches d'assemblage complexes dans les usines, tandis que les logiciels pilotés par l'IA automatisent les tâches administratives de routine telles que la saisie de données et la génération de rapports. Cette évolution vers l'automatisation intelligente devrait révolutionner les industries, conduisant à une efficacité et une productivité accrues.

Un autre domaine où l'IA devrait remodeler le paysage commercial est la prise de décision.

Traditionnellement, les décisions commerciales étaient prises sur la base de l'intuition, de l'expérience et de données limitées. Cependant, l'IA change cela en fournissant aux décideurs des informations basées sur des données qui sont beaucoup plus précises et complètes que tout ce que les humains pourraient réaliser par eux-mêmes. Par exemple, les algorithmes d'IA peuvent analyser les tendances du marché, le comportement des clients et la dynamique concurrentielle pour fournir des recommandations sur les prix, le développement de produits et les stratégies marketing. Cette capacité à prendre des décisions éclairées basées sur des données donne aux entreprises un avantage concurrentiel, leur permettant de réagir plus rapidement aux changements du marché et de garder une longueur d'avance sur la concurrence.

À l'avenir, le potentiel de l'IA pour remodeler le paysage commercial est énorme. À mesure que la technologie de l'IA continue de progresser, elle est susceptible de générer de nouveaux modèles commerciaux, de créer de nouvelles industries et de perturber les industries existantes. Par exemple, l'IA joue déjà un rôle clé dans le développement des véhicules autonomes, ce qui pourrait révolutionner l'industrie du transport et créer de nouvelles opportunités dans la logistique, les services de livraison et le covoiturage. De même, l'IA devrait jouer un rôle central dans le développement des villes intelligentes, où les systèmes alimentés par l'IA gèrent tout, du flux de trafic à la consommation d'énergie.

De plus, la convergence de l'IA avec d'autres technologies émergentes telles que la blockchain, l'Internet des objets (IoT) et la 5G devrait ouvrir encore plus de possibilités d'innovation. Par exemple, l'IA et l'IoT sont déjà utilisés ensemble pour créer des maisons intelligentes et des appareils connectés capables d'anticiper et de répondre aux besoins des utilisateurs. Au fur et à mesure que ces technologies continuent de mûrir, nous pouvons nous attendre à voir encore plus d'applications révolutionnaires de l'IA dans les entreprises.

Chapitre 2

Les avantages de l'IA pour les entreprises

Améliorer l'efficacité et la productivité

L'intelligence artificielle s'est imposée comme un outil puissant dans cette quête, offrant des solutions innovantes qui peuvent transformer la façon dont les entreprises fonctionnent. En automatisant les tâches répétitives et en fournissant des informations précieuses grâce à l'analyse des données, l'IA améliore non seulement l'efficacité et la productivité, mais ouvre également la voie à des entreprises plus intelligentes et plus agiles.

L'un des avantages les plus importants de l'IA est sa capacité à automatiser les tâches répétitives. Chaque entreprise, quelle que soit sa taille ou son secteur d'activité, a des processus essentiels mais chronophages. Ces tâches, qui impliquent souvent la saisie de données, la planification et la communication de routine, peuvent drainer des ressources précieuses et détourner l'attention d'activités plus stratégiques. L'IA peut prendre en charge ces tâches banales, libérant ainsi du temps pour que les employés puissent se concentrer sur des tâches à plus forte valeur ajoutée.

Considérez le rôle de l'automatisation alimentée par l'IA dans le service client. Traditionnellement, répondre aux demandes des clients nécessitait beaucoup de temps et de ressources humaines. Grâce à l'IA, les entreprises peuvent déployer des chatbots et des assistants virtuels pour gérer un large éventail d'interactions avec les clients. Ces systèmes pilotés par l'IA peuvent répondre aux questions fréquemment posées, traiter les commandes et même résoudre les problèmes courants, le tout sans intervention humaine. Cela permet non seulement de réduire la charge de travail des équipes du service client, mais aussi de garantir que les clients reçoivent un service rapide et cohérent à tout moment de la journée.

Un autre domaine dans lequel l'IA excelle est la rationalisation des processus commerciaux. De la gestion des stocks à la logistique de la chaîne d'approvisionnement, l'IA peut optimiser des opérations complexes en analysant de grandes quantités de données et en identifiant les inefficacités. Par exemple, dans le secteur manufacturier, l'IA peut surveiller les lignes de production en temps réel, prédire les goulets d'étranglement potentiels et suggérer des ajustements pour assurer le bon déroulement du processus. Cette approche proactive minimise les temps d'arrêt, réduit les déchets et garantit que les objectifs de production sont atteints de manière plus cohérente.

La capacité de l'IA à rationaliser les processus est également évidente dans la finance et la comptabilité. Traditionnellement, ces services étaient accablés par des tâches manuelles telles que le traitement des factures, le suivi des dépenses et les rapports financiers. L'IA peut automatiser ces fonctions, garantir la précision et accélérer le flux de travail. Par exemple, les logiciels pilotés par l'IA peuvent catégoriser automatiquement les dépenses, signaler les écarts et générer des rapports, le tout avec un minimum de surveillance humaine. Cela permet non seulement de gagner du temps, mais aussi de réduire le risque d'erreurs, ce qui peut avoir des implications financières importantes.

Au-delà de l'automatisation, l'IA révolutionne la prise de décision en fournissant des informations jusqu'alors inimaginables. Dans le passé, les décisions commerciales étaient souvent basées sur des données limitées, l'intuition ou les expériences passées. Bien que ces méthodes aient leurs mérites, elles peuvent également être lentes et sujettes à l'erreur. L'IA change la donne en analysant de grands ensembles de données à la vitesse de l'éclair, découvrant des modèles et des tendances qui pourraient passer inaperçus aux yeux des analystes humains. Cette capacité à traiter et à interpréter les données permet aux entreprises de prendre des décisions plus éclairées, plus rapidement.

Par exemple, dans le domaine du marketing, l'IA peut analyser le comportement des clients sur plusieurs canaux, tels que les sites Web, les réseaux sociaux et les campagnes par e-mail, afin d'identifier ce qui stimule l'engagement et les conversions. En comprenant ces modèles, les entreprises peuvent adapter leurs stratégies marketing pour cibler plus efficacement des segments de clientèle spécifiques. Cette approche basée sur les données augmente non seulement les chances de succès, mais optimise également les dépenses marketing, en veillant à ce que les ressources soient allouées aux activités les plus percutantes.

Dans le domaine de la vente, les informations basées sur l'IA peuvent changer la donne. Les équipes de vente ont souvent du mal à identifier les prospects les plus susceptibles de se convertir en clients. L'IA peut analyser les données historiques, y compris les interactions de vente passées et les profils des clients, pour prédire quels prospects sont les plus susceptibles de faire un achat. Cela permet aux équipes de vente de hiérarchiser leurs efforts, de se concentrer sur les prospects les plus prometteurs et, en fin de compte, d'augmenter les taux de conversion. Le résultat est un processus de vente plus efficace qui génère des revenus plus élevés avec moins d'efforts.

L'impact de l'IA sur la prise de décision s'étend également à la planification stratégique. En analysant les tendances du marché, les activités des concurrents et les données de performance internes, l'IA peut aider les entreprises à identifier de nouvelles opportunités et menaces. Par exemple, l'IA peut détecter des changements dans les préférences des consommateurs ou des technologies émergentes qui pourraient perturber le marché. Armées de ces connaissances, les entreprises peuvent adapter leurs stratégies pour garder une longueur d'avance sur la concurrence et capitaliser sur les nouvelles tendances avant leurs rivaux.

Les avantages de la prise de décision basée sur l'IA ne se limitent pas aux grandes entreprises. Les petites et moyennes entreprises (PME) peuvent également tirer parti de l'IA pour obtenir un avantage concurrentiel. Les outils d'IA devenant de plus en plus accessibles et abordables, même les petites entreprises peuvent exploiter la puissance des données pour prendre des décisions plus intelligentes.

Par exemple, une PME peut utiliser l'IA pour optimiser sa chaîne d'approvisionnement, réduire les coûts ou améliorer l'expérience client, ce qui contribue à améliorer l'efficacité et la productivité.

Cependant, il est important de reconnaître que si l'IA offre un potentiel énorme, ce n'est pas une solution magique. Pour en tirer pleinement parti, les entreprises doivent investir dans la bonne technologie, intégrer l'IA à leurs systèmes existants et s'assurer que leurs équipes sont formées pour utiliser efficacement l'IA. De plus, les entreprises doivent aborder la mise en œuvre de l'IA avec une stratégie claire, en se concentrant sur les domaines où l'IA peut apporter le plus de valeur.

Réduire les coûts et augmenter les revenus

Les méthodes traditionnelles de gestion des processus d'entreprise impliquent souvent un degré élevé de travail manuel, ce qui prend non seulement du temps, mais est également sujet à des erreurs. Ces inefficacités peuvent s'additionner, entraînant une augmentation des coûts et un gaspillage de ressources. L'IA, cependant, peut automatiser bon nombre de ces processus, réduisant ainsi le besoin d'intervention humaine et minimisant le risque d'erreurs.

Considérez l'impact de l'IA sur la gestion des stocks, un aspect essentiel de toute entreprise qui traite des biens physiques. La gestion manuelle des stocks entraîne souvent un surstockage ou un sous-stockage, deux éléments qui peuvent être coûteux. Le surstockage immobilise le capital dans les invendus, tandis que le sous-stockage peut entraîner des opportunités de vente manquées. L'IA peut aider en analysant les données de vente historiques, les tendances actuelles du marché et même des facteurs externes tels que les conditions météorologiques pour prédire la demande avec plus de précision. Cela vous permet d'optimiser vos niveaux de stock, en vous assurant d'avoir juste la bonne quantité de stock sous la main. Il en résulte une réduction des coûts de stockage, moins de cas de stocks invendus et une utilisation plus efficace du capital.

En plus de la gestion des stocks, l'IA peut également rationaliser les opérations de votre chaîne d'approvisionnement. Les chaînes d'approvisionnement traditionnelles souffrent souvent d'inefficacités en raison d'un manque de données en temps réel et de la complexité de la gestion de plusieurs fournisseurs. L'IA peut fournir une visibilité en temps réel sur votre chaîne d'approvisionnement, en identifiant les goulets d'étranglement potentiels et en suggérant des solutions avant qu'ils ne deviennent des problèmes. Par exemple, l'IA peut prédire les retards d'expédition dus à des circonstances imprévues, telles que des perturbations météorologiques ou des problèmes de fournisseurs, ce qui vous permet d'ajuster votre plan logistique en conséquence. En optimisant votre chaîne d'approvisionnement, vous pouvez réduire les coûts de transport, minimiser les retards et vous assurer que vos produits parviennent aux clients à temps.

La gestion de l'énergie est un autre domaine dans lequel l'IA peut réduire considérablement les coûts opérationnels. L'énergie est une dépense importante pour de nombreuses entreprises, en particulier celles du secteur manufacturier ou des industries qui dépendent fortement de la machinerie. L'IA peut analyser vos habitudes de consommation d'énergie et identifier les domaines dans lesquels vous pouvez réduire votre consommation sans compromettre votre productivité. Par exemple, l'IA peut suggérer d'ajuster le calendrier de certains processus pour profiter de tarifs d'énergie plus bas pendant les heures creuses ou recommander des calendriers d'entretien pour les équipements afin d'éviter les inefficacités énergétiques. En réduisant votre consommation d'énergie, vous réduisez non seulement vos coûts opérationnels, mais vous contribuez également aux efforts de durabilité, ce qui peut améliorer la réputation de votre marque.

Si la réduction des coûts est cruciale, l'augmentation des revenus est tout aussi importante, et l'IA offre des outils puissants pour stimuler vos ventes grâce à la personnalisation et au marketing ciblé. Sur le marché actuel, les clients attendent des expériences personnalisées adaptées à leurs préférences et à leurs besoins. Les campagnes de marketing génériques ne sont plus aussi efficaces qu'elles l'étaient autrefois. L'IA vous permet de fournir du contenu, des offres et des recommandations hautement personnalisés à chaque client, améliorant ainsi leur expérience et augmentant la probabilité d'une vente.

La personnalisation pilotée par l'IA fonctionne en analysant les données des clients, y compris les achats passés, le comportement de navigation et les informations démographiques, afin de créer des profils clients détaillés. Grâce à ces profils, vous pouvez adapter vos efforts de marketing en fonction des préférences uniques de chaque client. Par exemple, si un client achète fréquemment un certain type de produit, l'IA peut suggérer des articles complémentaires ou offrir des remises personnalisées sur des produits similaires. Ce niveau de personnalisation augmente non seulement la satisfaction des clients, mais favorise également la fidélisation des clients, car les clients sont plus susceptibles de revenir vers une marque qui comprend leurs besoins.

Le marketing ciblé, alimenté par l'IA, va de pair avec la personnalisation. Au lieu de lancer de vastes campagnes marketing qui peuvent ou non atteindre votre public cible, l'IA vous permet de concentrer vos efforts sur les clients les plus susceptibles de convertir. En analysant les données de plusieurs canaux, tels que les réseaux sociaux, les e-mails et les interactions sur le site Web, l'IA peut identifier des modèles qui indiquent la probabilité qu'un client effectue un achat. Armé de ces informations, vous pouvez créer des campagnes marketing ciblées qui s'adressent directement à ces clients, augmentant ainsi les chances de conversion.

Par exemple, l'IA peut vous aider à identifier les clients qui ont abandonné leur panier d'achat en ligne et à leur envoyer des e-mails personnalisés avec un code de réduction pour les encourager à finaliser leur achat. De même, l'IA peut analyser le comportement des clients sur votre site Web pour déterminer quels produits sont les plus populaires auprès de certains groupes démographiques, ce qui vous permet d'adapter vos efforts publicitaires en conséquence. Cette approche ciblée permet non seulement d'augmenter les ventes, mais aussi d'optimiser vos dépenses marketing, en veillant à ce que vos ressources soient utilisées efficacement.

L'IA peut également contribuer à augmenter les revenus grâce à l'analyse prédictive. L'analyse prédictive utilise des algorithmes d'IA pour analyser les données historiques et prévoir les tendances futures, ce qui vous permet de prendre des décisions commerciales plus éclairées. Que vous planifiiez votre prochaine campagne marketing, que vous lanciez un nouveau produit ou que vous fixiez des objectifs de vente, l'analyse prédictive peut fournir des informations précieuses qui guident votre stratégie.

Par exemple, l'IA peut analyser les données de vente passées pour identifier les tendances saisonnières et prédire la demande future pour certains produits. Cela vous permet de planifier plus efficacement vos stocks et vos calendriers de production, en vous assurant d'avoir les bons produits disponibles au bon moment. De même, l'IA peut analyser les tendances du marché et le comportement des consommateurs pour identifier les opportunités émergentes, telles que de nouveaux marchés ou des segments de clientèle que vous n'avez peut-être pas envisagés. En tirant parti de ces informations, vous pouvez prendre des décisions proactives qui positionnent votre entreprise pour la croissance.

L'analyse prédictive peut également vous aider à optimiser votre stratégie de tarification. L'IA peut analyser des facteurs tels que les prix des concurrents, la demande du marché et le comportement des clients pour suggérer une tarification optimale pour vos produits ou services. Cette approche de tarification dynamique vous permet de maximiser vos revenus en ajustant les prix en temps réel en fonction de l'évolution des conditions du marché. Par exemple, pendant les périodes de forte demande, l'IA peut suggérer d'augmenter les prix pour capitaliser sur l'opportunité, tandis que pendant les périodes plus calmes, elle peut recommander des remises pour stimuler les ventes.

Obtenir un avantage concurrentiel

L'innovation est au cœur du maintien d'un avantage concurrentiel, et l'IA est un puissant catalyseur d'innovation. En intégrant l'IA dans vos processus métier, vous pouvez débloquer de nouvelles opportunités pour le développement de produits, l'amélioration des services et l'efficacité opérationnelle. L'IA vous permet d'explorer des possibilités qui étaient auparavant hors de portée, telles que la création d'expériences client personnalisées, l'automatisation de tâches complexes et le développement de nouveaux produits qui répondent aux besoins changeants de vos clients.

L'une des façons les plus importantes dont l'IA stimule l'innovation est sa capacité à analyser rapidement et précisément de grandes quantités de données. Cette fonctionnalité vous permet d'identifier les tendances, les modèles et les informations qui peuvent éclairer votre stratégie de développement de produits. Par exemple, l'IA peut analyser les commentaires des clients, les données du marché et la veille concurrentielle pour identifier les lacunes du marché que votre entreprise peut combler. En comprenant ce que veulent vos clients et où se dirige le marché, vous pouvez développer des produits et des services qui sont non seulement pertinents, mais aussi en avance sur la courbe.

De plus, l'IA peut améliorer votre capacité à expérimenter et à itérer sur de nouvelles idées. Par le passé, le développement et la mise à l'essai de nouveaux produits nécessitaient souvent beaucoup de temps et de ressources, ce qui rendait difficile l'innovation rapide. Avec l'IA, vous pouvez simuler différents scénarios, optimiser les conceptions et prédire les résultats avec une plus grande précision. Cela vous permet de mettre de nouveaux produits sur le marché plus rapidement et avec une plus grande confiance dans leur succès. Le résultat est une approche plus agile et plus réactive de l'innovation, où vous pouvez vous adapter rapidement aux conditions changeantes du marché et aux préférences des clients.

L'analyse des données en temps réel est un autre domaine où l'IA offre un avantage concurrentiel substantiel. À l'ère numérique, les données sont générées à un rythme sans précédent, et la capacité d'analyser ces données en temps réel est cruciale pour prendre des décisions éclairées. L'IA excelle dans le traitement rapide de grands ensembles de données, ce qui vous permet d'obtenir des informations qui seraient impossibles à obtenir par une analyse manuelle.

En tirant parti de l'analyse des données en temps réel, vous pouvez garder une longueur d'avance sur les tendances du marché et réagir plus efficacement aux changements. Par exemple, l'IA peut surveiller les plateformes de médias sociaux, les organes de presse et d'autres sources d'information pour identifier les tendances émergentes et les changements dans le comportement des consommateurs. Armé de ces connaissances, vous pouvez ajuster vos stratégies marketing, vos offres de produits et vos modèles de tarification pour vous aligner sur les derniers développements. Cette approche proactive vous aide non seulement à rester pertinent, mais vous donne également l'avantage d'être le premier à saisir de nouvelles opportunités.

De plus, l'analyse des données en temps réel vous permet d'optimiser vos opérations en continu. L'IA peut surveiller votre chaîne d'approvisionnement, vos processus de production et les interactions avec les clients en temps réel, en identifiant les inefficacités et en suggérant des améliorations. Cette optimisation continue garantit que votre entreprise fonctionne au maximum de son efficacité, ce qui réduit les coûts et améliore votre capacité à offrir de la valeur à vos clients.

Le pouvoir de l'IA pour obtenir un avantage concurrentiel n'est pas seulement théorique ; de nombreuses entreprises ont déjà tiré parti de l'IA pour obtenir un succès remarquable. Ces exemples concrets démontrent comment l'IA peut changer la donne pour les entreprises de divers secteurs.

Un exemple notable est Netflix, le géant du streaming qui a révolutionné l'industrie du divertissement.

Netflix utilise l'IA pour personnaliser les recommandations de contenu pour ses utilisateurs, en analysant leurs habitudes de visionnage et leurs préférences pour suggérer des films et des émissions qu'ils sont susceptibles d'apprécier. Ce niveau de personnalisation a été un facteur clé dans la capacité de Netflix à fidéliser ses abonnés et à développer sa base d'utilisateurs. En tirant parti de l'IA, Netflix a non seulement amélioré l'expérience client, mais a également acquis un avantage concurrentiel significatif sur les diffuseurs traditionnels et autres services de streaming.

Un autre exemple est Amazon, le géant du commerce électronique qui a établi la norme pour le commerce en ligne. Amazon utilise largement l'IA dans l'ensemble de ses opérations, de la gestion de sa vaste chaîne d'approvisionnement à la personnalisation de l'expérience d'achat de ses clients. L'une des applications les plus connues de l'IA chez Amazon est son moteur de recommandation, qui analyse le comportement des clients et l'historique des achats pour suggérer des produits susceptibles de les intéresser. Cela stimule non seulement les ventes, mais augmente également la fidélité des clients, car les acheteurs ont le sentiment qu'Amazon comprend leurs besoins et leurs préférences.

En plus de son moteur de recommandation, Amazon utilise l'IA pour optimiser sa chaîne d'approvisionnement, en prédisant la demande de produits et en ajustant les niveaux de stock en conséquence. Cela permet à Amazon de répondre efficacement à la demande des clients, réduisant ainsi le risque de ruptures de stock ou de surstockage. En exploitant l'IA de cette manière, Amazon a maintenu sa position de leader de la vente au détail en ligne, plaçant la barre très haut pour ses concurrents.

L'IA a également joué un rôle central dans le succès de Tesla, le constructeur de véhicules électriques qui a perturbé l'industrie automobile. Tesla utilise l'IA pour alimenter son système Autopilot, qui permet à ses voitures de conduire de manière autonome dans certaines conditions. Cette caractéristique innovante a permis à Tesla de se démarquer des constructeurs automobiles traditionnels et de s'imposer comme un leader sur le marché émergent des véhicules autonomes. Au-delà de l'Autopilot, Tesla utilise l'IA pour optimiser ses processus de fabrication, améliorer la sécurité des véhicules et améliorer l'expérience de conduite globale. En intégrant l'IA dans tous les aspects de son activité, Tesla a acquis un avantage concurrentiel qui l'a propulsé à l'avant-garde de l'industrie automobile.

Ces exemples illustrent le pouvoir transformateur de l'IA pour obtenir un avantage concurrentiel. Que vous soyez dans le secteur du divertissement, de la vente au détail, de l'automobile ou de tout autre secteur, l'IA offre les outils dont vous avez besoin pour innover, optimiser et garder une longueur d'avance sur la concurrence. En tirant efficacement parti de l'IA, vous pouvez positionner votre entreprise pour un succès à long terme, même face à l'évolution rapide des changements technologiques et aux attentes changeantes des clients.

Chapitre 3

Applications pratiques de l'IA dans les affaires

L'IA dans le marketing et les ventes

L'intelligence artificielle est devenue la pierre angulaire du marketing et des ventes modernes, permettant aux entreprises de se connecter avec les clients d'une manière auparavant inimaginable. En tirant parti de l'IA, vous pouvez améliorer l'expérience client, générer des efforts de marketing plus ciblés et faire des prévisions de vente plus éclairées. Ces fonctionnalités améliorent non seulement l'efficacité, mais vous aident également à rester compétitif sur un marché encombré.

L'une des utilisations les plus percutantes de l'IA dans le marketing est la segmentation de la clientèle et le ciblage personnalisé. Traditionnellement, les entreprises segmentaient leurs clients en fonction d'informations démographiques générales, telles que l'âge, le sexe ou l'emplacement. Bien que cette approche ait fourni un certain niveau de personnalisation, elle était souvent trop générale pour tenir compte des préférences et des comportements uniques des clients individuels. L'IA, cependant, vous permet d'amener la personnalisation à un tout autre niveau en analysant de grandes quantités de données pour découvrir des informations plus approfondies sur le comportement des clients.

Grâce à l'IA, vous pouvez segmenter vos clients en fonction de divers facteurs, notamment leur historique d'achat, leurs habitudes de navigation, leur activité sur les réseaux sociaux et même leurs interactions en temps réel avec votre marque. Ce niveau de segmentation vous permet de comprendre vos clients à un niveau beaucoup plus granulaire, ce qui vous permet d'adapter vos efforts de marketing aux besoins et préférences spécifiques de chaque individu. Par exemple, si un client achète fréquemment des vêtements de sport, l'IA peut identifier cette tendance et s'assurer qu'il reçoit des publicités et des offres ciblées pour des produits similaires. Cela augmente non seulement la probabilité de conversion, mais améliore également l'expérience du client en lui fournissant un contenu pertinent qui correspond à ses intérêts.

Au-delà de la segmentation, l'IA joue également un rôle crucial dans la fourniture de contenu personnalisé aux clients sur plusieurs canaux. Qu'il s'agisse de campagnes par e-mail, de publicités sur les réseaux sociaux ou de recommandations de sites Web, l'IA peut analyser les données des clients en temps réel pour déterminer le message le plus efficace pour chaque individu. Cette approche dynamique garantit que vos efforts de marketing sont toujours pertinents et opportuns, ce qui augmente les chances d'engagement et, en fin de compte, stimule les ventes.

En plus d'améliorer les efforts de marketing, l'IA révolutionne le service à la clientèle grâce à l'utilisation de chatbots et d'assistants virtuels. Ces outils alimentés par l'IA sont de plus en plus courants, car les entreprises s'efforcent de fournir un support client plus rapide et plus efficace. Contrairement aux méthodes traditionnelles de service à la clientèle, qui impliquent souvent de longs temps d'attente et une disponibilité limitée, les chatbots et les assistants virtuels sont disponibles 24 heures sur 24 et 7 jours sur 7, fournissant des réponses instantanées aux demandes des clients.

Les chatbots d'IA sont conçus pour gérer un large éventail d'interactions avec les clients, qu'il s'agisse de répondre aux questions fréquemment posées, de traiter les commandes ou de résoudre les problèmes courants. Ils sont capables de comprendre le langage naturel, ce qui permet aux clients d'interagir avec eux comme ils le feraient avec un agent humain. En automatisant les tâches de routine, les chatbots libèrent votre équipe de service client pour qu'elle se concentre sur des interactions plus complexes et à forte valeur ajoutée, améliorant ainsi l'efficacité globale.

De plus, les assistants virtuels pilotés par l'IA peuvent aller au-delà du support client de base en offrant des recommandations personnalisées et une assistance proactive. Par exemple, si un client contacte fréquemment votre équipe d'assistance pour des problèmes similaires, un assistant virtuel peut reconnaître ce modèle et fournir une solution avant même que le client ne le demande. Cette approche proactive améliore non seulement l'expérience client, mais augmente également la satisfaction et la fidélité des clients.

Une autre application essentielle de l'IA dans le marketing et les ventes est l'analyse prédictive pour la prévision des ventes. Des prévisions de ventes précises sont essentielles pour prendre des décisions commerciales éclairées, de la gestion des stocks à la budgétisation et à la planification stratégique. Cependant, les méthodes de prévision traditionnelles reposent souvent sur des données historiques et une analyse manuelle, ce qui peut prendre du temps et être sujet à des erreurs. L'IA, quant à elle, utilise des algorithmes avancés pour analyser de grandes quantités de données, y compris les tendances des ventes passées, les conditions du marché et le comportement des clients, afin de prédire les ventes futures avec une plus grande précision.

En tirant parti de l'analyse prédictive, vous pouvez mieux comprendre les facteurs qui stimulent les ventes et identifier les opportunités ou les risques potentiels avant qu'ils ne se présentent. Par exemple, l'IA peut analyser les tendances saisonnières, les indicateurs économiques et l'activité des concurrents pour prévoir la demande pour vos produits ou services. Ces informations vous permettent d'ajuster vos stratégies marketing, d'optimiser vos niveaux de stock et d'allouer les ressources plus efficacement, en vous assurant d'être toujours prêt à répondre à la demande des clients.

De plus, l'IA peut vous aider à identifier des modèles de comportement des clients qui peuvent indiquer des décisions d'achat futures. Par exemple, si un client visite fréquemment votre site Web pour parcourir une catégorie de produits particulière mais n'a pas encore effectué d'achat, l'IA peut reconnaître ce comportement et suggérer des promotions ou des remises ciblées pour encourager la conversion. Cette approche de la prévision des ventes basée sur les données vous permet de prendre des décisions plus éclairées, de réduire l'incertitude et, en fin de compte, de stimuler la croissance des revenus.

L'IA dans les opérations et la chaîne d'approvisionnement

L'un des avantages les plus importants de l'IA dans les opérations est sa capacité à révolutionner la gestion des stocks et la prévision de la demande. Traditionnellement, la gestion des stocks est un processus complexe et souvent imprécis, les entreprises s'appuyant sur des données de vente historiques et des calculs manuels pour déterminer les niveaux de stock. Cette approche conduit souvent à un surstockage ou à un sous-stockage, deux éléments pouvant avoir des implications financières importantes. Le surstockage immobilise le capital dans les invendus et augmente les coûts de stockage, tandis que le sous-stockage peut entraîner une perte de ventes et des clients insatisfaits.

L'IA change cela en vous fournissant des informations en temps réel et des capacités prédictives qui vous permettent de gérer les stocks plus efficacement. Les systèmes d'IA peuvent analyser de grandes quantités de données provenant de diverses sources, notamment les tendances des ventes, les conditions du marché et même des facteurs externes tels que les conditions météorologiques, afin de prédire la demande future avec une plus grande précision. Cela signifie que vous pouvez ajuster vos niveaux de stock en temps réel, en vous assurant que vous avez toujours la bonne quantité de stock en main pour répondre à la demande des clients sans trop engager de ressources.

Par exemple, pendant les périodes de pointe des achats ou les promotions spéciales, l'IA peut vous aider à anticiper l'augmentation de la demande et à ajuster vos stocks en conséquence, évitant ainsi les ruptures de stock et les pertes de ventes. À l'inverse, pendant les périodes plus calmes, l'IA peut recommander de réduire les niveaux de stock pour minimiser les stocks excédentaires et les coûts associés. Cette approche dynamique de la gestion des stocks améliore non seulement l'efficacité, mais aussi votre capacité à réagir rapidement aux changements du marché.

En plus d'améliorer la gestion des stocks, l'IA joue un rôle crucial dans l'optimisation des processus de fabrication. Dans de nombreux secteurs, la fabrication est une opération complexe et gourmande en ressources qui nécessite une coordination minutieuse et un chronométrage précis. L'IA peut rationaliser ces processus en automatisant les tâches, en identifiant les inefficacités et en suggérant des améliorations qui améliorent la productivité.

Par exemple, l'IA peut surveiller les lignes de production en temps réel, en analysant les données des capteurs et des machines pour détecter les problèmes potentiels avant qu'ils ne deviennent des problèmes. Si une machine présente des signes d'usure, l'IA peut prédire quand elle risque de tomber en panne et recommander une maintenance pour éviter une panne. Cette approche de maintenance prédictive réduit les temps d'arrêt, prolonge la durée de vie de votre équipement et garantit que la production se poursuit sans heurts sans interruptions inattendues.

De plus, l'IA peut optimiser les calendriers de production en analysant des facteurs tels que le volume des commandes, la disponibilité des ressources et les délais de livraison. Cela vous permet de maximiser l'efficacité de vos processus de fabrication, de réduire les déchets et de vous assurer que les produits sont fabriqués et livrés à temps. En automatisant ces tâches, l'IA libère du temps et des ressources précieux, ce qui permet à votre équipe de se concentrer sur des activités plus stratégiques qui stimulent la croissance et l'innovation.

L'IA a également un impact significatif sur l'amélioration de la transparence et de l'efficacité de la chaîne d'approvisionnement. La nature mondiale des chaînes d'approvisionnement modernes signifie que les entreprises doivent se coordonner avec les fournisseurs, les fabricants et les distributeurs dans différentes régions et fuseaux horaires. Cette complexité peut entraîner des inefficacités, des retards et un manque de visibilité sur le mouvement des marchandises.

L'IA relève ces défis en fournissant des informations en temps réel sur tous les aspects de la chaîne d'approvisionnement. Les systèmes d'IA peuvent suivre le mouvement des marchandises depuis le moment où elles quittent le fournisseur jusqu'au moment où elles atteignent le client, vous fournissant ainsi une image claire et à jour de l'état de votre chaîne d'approvisionnement. Cette transparence vous permet d'identifier les goulets d'étranglement potentiels, d'anticiper les retards et d'effectuer des ajustements pour vous assurer que les produits sont livrés à temps.

De plus, l'IA peut améliorer la collaboration tout au long de la chaîne d'approvisionnement en fournissant une plateforme centralisée où toutes les parties prenantes peuvent accéder et partager des informations. Cette communication améliorée garantit que tout le monde est sur la même longueur d'onde, ce qui réduit le risque de malentendus et d'erreurs. Par exemple, si un envoi est retardé, l'IA peut automatiquement en informer les parties concernées et suggérer des itinéraires ou des solutions alternatifs pour minimiser l'impact sur les calendriers de livraison.

En améliorant la transparence de la chaîne d'approvisionnement, l'IA améliore non seulement l'efficacité, mais renforce également la confiance avec vos partenaires et vos clients. Lorsque vous pouvez fournir des informations précises et opportunes sur l'état d'une commande, les clients sont plus susceptibles d'être satisfaits de leur expérience, ce qui entraîne une fidélité accrue et une fidélisation des clients.

L'IA dans la finance et la comptabilité

Traditionnellement, des tâches telles que la comptabilité, la facturation et les rapports financiers nécessitaient un effort manuel important, ce qui entraînait souvent des erreurs et prenait un temps précieux. L'IA change cela en automatisant ces processus, en veillant à ce qu'ils soient réalisés avec précision et efficacité.

Par exemple, l'IA peut catégoriser automatiquement les transactions, rapprocher les comptes et générer des états financiers avec un minimum d'intervention humaine. Cela permet non seulement de réduire le temps nécessaire à l'exécution de ces tâches, mais aussi de minimiser le risque d'erreurs pouvant entraîner des écarts coûteux. De plus, l'automatisation pilotée par l'IA permet à votre équipe financière de se concentrer sur des activités plus stratégiques, telles que la planification et l'analyse financières, plutôt que de s'enliser dans des tâches administratives de routine.

L'IA transforme également la façon dont les audits sont menés. Les audits traditionnels sont des processus à forte intensité de main-d'œuvre qui impliquent l'examen de grandes quantités de données financières, ce qui entraîne souvent des procédures longues et coûteuses. L'IA rationalise cela en analysant les données financières en temps réel, en identifiant les anomalies et en signalant les problèmes potentiels pour un examen plus approfondi. Cette approche accélère non seulement le processus d'audit, mais améliore également sa précision en réduisant le risque d'erreur humaine.

En plus d'automatiser les processus financiers, l'IA joue un rôle crucial dans la détection des fraudes et la gestion des risques. La fraude financière est une préoccupation importante pour les entreprises de toutes tailles, car elle peut entraîner des pertes financières importantes et nuire à la réputation. Les méthodes traditionnelles de détection des fraudes reposent souvent sur des vérifications manuelles et des règles prédéfinies, ce qui peut prendre beaucoup de temps et passer à côté de modèles subtils d'activités frauduleuses.

L'IA relève ce défi en utilisant des algorithmes avancés pour analyser de grands ensembles de données et identifier des modèles susceptibles d'indiquer un comportement frauduleux. Par exemple, l'IA peut surveiller les transactions en temps réel, en les comparant aux données historiques pour détecter des modèles inhabituels qui pourraient signaler une fraude. Si une transaction s'écarte de la norme, l'IA peut la signaler pour une enquête plus approfondie, ce qui vous permet de résoudre les problèmes potentiels avant qu'ils ne s'aggravent.

De plus, la capacité de l'IA à analyser rapidement et avec précision de grandes quantités de données en fait un outil inestimable pour la gestion des risques. Par le passé, l'évaluation du risque impliquait l'analyse de points de données limités et une forte dépendance au jugement humain. Bien que cette approche ait fourni des informations, elle manquait souvent de la profondeur et de la précision nécessaires pour prendre des décisions pleinement éclairées.

Avec l'IA, vous pouvez analyser un plus large éventail de facteurs, y compris les tendances du marché, les indicateurs économiques et les performances historiques, afin d'évaluer les risques de manière plus complète. Cela vous permet de prendre des décisions plus éclairées concernant les prêts, les investissements et d'autres activités financières. Par exemple, l'IA peut vous aider à évaluer la solvabilité d'un emprunteur en analysant ses antécédents financiers, les conditions du marché et d'autres facteurs pertinents. Cela vous permet de prendre des décisions de prêt basées sur une compréhension complète des risques associés.

L'IA révolutionne également les stratégies d'investissement et la gestion de portefeuille. Traditionnellement, les décisions d'investissement étaient prises sur la base d'une combinaison de données historiques, d'analyses de marché et d'intuition humaine. Bien que ces méthodes aient leurs mérites, elles peuvent être limitées par la quantité de données qui peuvent être traitées manuellement et le potentiel de biais humain.

Les stratégies d'investissement basées sur l'IA utilisent des algorithmes d'apprentissage automatique pour analyser de grandes quantités de données de marché, identifier les tendances et prédire les performances futures. Cela vous permet de prendre des décisions d'investissement plus éclairées basées sur des informations basées sur des données plutôt que de vous fier uniquement à l'intuition. Par exemple, l'IA peut analyser les mouvements du marché, les indicateurs économiques et les événements géopolitiques pour prédire les performances probables des différents actifs. Cela vous permet d'ajuster votre portefeuille en temps réel, en tirant parti des opportunités au fur et à mesure qu'elles se présentent et en atténuant les risques potentiels.

De plus, l'IA peut optimiser la gestion de portefeuille en surveillant et en rééquilibrant continuellement vos investissements en fonction des conditions du marché et de vos objectifs financiers. Cette approche dynamique garantit que votre portefeuille reste aligné sur votre tolérance au risque et vos objectifs, en maximisant les rendements tout en minimisant les pertes potentielles.

L'IA dans les ressources humaines

Trouver les bons talents a toujours été un défi, les recruteurs passant souvent au crible un grand nombre de CV pour identifier les candidats potentiels. Ce processus peut prendre beaucoup de temps, et le recours à l'examen manuel augmente la probabilité de passer à côté de candidats qualifiés.

L'IA relève ces défis en automatisant une grande partie du processus de recrutement. Les systèmes pilotés par l'IA peuvent rapidement scanner et analyser les CV, en identifiant les compétences, les expériences et les qualifications clés qui correspondent aux exigences du poste. Cela permet non seulement d'accélérer le processus de sélection, mais aussi de s'assurer que tous les candidats sont évalués de manière cohérente et équitable. De plus, l'IA peut aider à identifier des modèles et des tendances dans les embauches réussies, ce qui vous permet d'affiner vos stratégies de recrutement au fil du temps.

En plus de la sélection des CV, l'IA peut aider dans d'autres aspects du recrutement, tels que la planification des entretiens, l'envoi d'e-mails de suivi et même la réalisation d'entretiens initiaux par le biais de chatbots. Ces outils libèrent du temps pour que votre équipe RH puisse se concentrer sur des activités plus stratégiques, telles que l'établissement de relations avec les meilleurs candidats et l'élaboration de stratégies de talents à long terme.

Au-delà du recrutement, l'IA joue un rôle de plus en plus important dans la gestion des talents. En analysant des données provenant de diverses sources, telles que les évaluations de performance, les commentaires des employés et les mesures de productivité, l'IA peut fournir des informations sur les performances et le potentiel des employés. Cela vous permet d'identifier les employés les plus performants qui pourraient être prêts pour une promotion ou des responsabilités supplémentaires, ainsi que ceux qui pourraient avoir besoin d'un soutien ou d'une formation supplémentaires.

Les systèmes de gestion des talents basés sur l'IA peuvent également vous aider à créer des plans de développement personnalisés pour chaque employé, adaptés à leurs forces, leurs faiblesses et leurs objectifs de carrière. En offrant des possibilités de formation et de développement ciblées, vous pouvez vous assurer que vos employés continuent de grandir et de se développer au sein de votre organisation, augmentant ainsi leur satisfaction et réduisant le taux de roulement.

L'engagement et la fidélisation des employés sont essentiels au succès à long terme de toute organisation, et l'IA s'avère être un outil précieux dans ces domaines également. Les employés engagés sont plus productifs, plus satisfaits de leur travail et plus susceptibles de rester dans votre entreprise. Cependant, il peut être difficile de mesurer et d'améliorer l'engagement des employés, car il faut comprendre les besoins et les motivations uniques de chaque individu.

L'IA peut aider en analysant les données d'engagement des employés, telles que les réponses aux enquêtes, les modèles de communication et les comportements sur le lieu de travail, afin d'identifier les facteurs qui contribuent ou nuisent à l'engagement. Par exemple, l'IA peut révéler que certaines équipes connaissent une baisse d'engagement en raison d'un manque de reconnaissance ou d'opportunités de croissance. Grâce à ces informations, vous pouvez prendre des mesures ciblées pour résoudre ces problèmes, comme la mise en œuvre de nouveaux programmes de reconnaissance ou l'offre de possibilités de formation supplémentaires.

De plus, l'IA peut prédire quels employés risquent de quitter l'entreprise en analysant des facteurs tels que la satisfaction au travail, les tendances de performance et les conditions du marché externe. En identifiant ces risques à un stade précoce, vous pouvez prendre des mesures proactives pour retenir les employés de valeur, par exemple en proposant de nouveaux défis, en ajustant les régimes de rémunération ou en fournissant un soutien supplémentaire. Cette approche prédictive de la fidélisation des employés vous aide à maintenir une main-d'œuvre stable et motivée, réduisant ainsi les coûts et les perturbations associés à un taux de rotation élevé.

La formation et le développement sont également des domaines où l'IA a un impact significatif. Les programmes de formation traditionnels adoptent souvent une approche unique, qui peut ne pas répondre aux besoins uniques de chaque employé. L'IA vous permet de créer des programmes de formation plus personnalisés et plus efficaces en analysant les styles d'apprentissage individuels, les exigences du poste et les données de performance.

Par exemple, l'IA peut recommander des modules de formation ou des cours spécifiques en fonction des compétences actuelles et des aspirations professionnelles d'un employé. Cela permet de s'assurer que chaque employé reçoit la formation dont il a besoin pour réussir dans son rôle et progresser au sein de l'entreprise. De plus, l'IA peut suivre la progression des programmes de formation en temps réel, en fournissant des commentaires et en ajustant le contenu si nécessaire pour maximiser l'efficacité.

Les plateformes de formation pilotées par l'IA peuvent également intégrer des éléments interactifs, tels que des simulations et des jeux d'ampleur, pour rendre l'apprentissage plus attrayant et plus agréable. Cela améliore non seulement la rétention des connaissances, mais encourage également les employés à s'approprier leur développement, ce qui conduit à une main-d'œuvre plus qualifiée et motivée.

Chapitre 4

Mettre en œuvre l'IA dans votre entreprise

Évaluer l'état de préparation de votre entreprise à l'IA

La première étape de l'évaluation de l'état de préparation de votre entreprise à l'IA consiste à examiner de près vos processus et opérations existants. Comprendre le fonctionnement actuel de votre entreprise vous donnera un aperçu des domaines dans lesquels l'IA peut être la plus bénéfique. Commencez par cartographier vos principaux processus métier, des interactions avec les clients à la gestion de la chaîne d'approvisionnement, et identifiez les domaines où il existe des inefficacités ou des goulets d'étranglement. Ces points faibles représentent souvent des opportunités pour l'IA de rationaliser les opérations, d'automatiser les tâches répétitives et d'améliorer la prise de décision.

Par exemple, si votre équipe de service client est submergée par les demandes de routine, des chatbots alimentés par l'IA pourraient être mis en œuvre pour gérer ces tâches, libérant ainsi les agents humains pour qu'ils se concentrent sur des problèmes plus complexes. De même, si votre chaîne d'approvisionnement souffre de retards ou d'inexactitudes, l'IA pourrait être utilisée pour optimiser la logistique, prévoir la demande et améliorer la gestion des stocks. En évaluant minutieusement vos processus actuels, vous pouvez identifier des domaines spécifiques où l'IA peut apporter des avantages tangibles, plutôt que d'adopter l'IA pour elle-même.

Une fois que vous avez identifié les opportunités potentielles de l'IA, l'étape suivante consiste à élaborer une stratégie qui s'aligne sur vos objectifs commerciaux. L'IA ne doit pas être considérée comme une solution unique, mais plutôt comme un ensemble d'outils qui peuvent être adaptés pour répondre à vos défis et objectifs uniques. Votre stratégie d'IA doit être étroitement liée à votre stratégie commerciale plus large, en veillant à ce que les initiatives d'IA soutiennent vos objectifs à long terme.

Établissez des objectifs spécifiques dès le début de votre mise en œuvre de l'IA. Avec l'IA, quels objectifs avez-vous en tête ? Essayez-vous d'acquérir un avantage concurrentiel, d'augmenter vos ventes, de réduire vos dépenses ou d'améliorer la satisfaction de vos clients ? Tout au long du processus de mise en œuvre de l'IA, vos objectifs orienteront votre prise de décision, vous aidant à établir des priorités et à allouer judicieusement les ressources. Par exemple, vous pouvez vous concentrer sur l'utilisation de l'IA dans le service client et la personnalisation si votre objectif principal est d'augmenter le plaisir des clients. À l'inverse, les projets d'optimisation de la chaîne d'approvisionnement et d'automatisation des processus peuvent être plus importants si la réduction des coûts est votre principale préoccupation. En plus de fixer des objectifs, il est important d'établir des indicateurs pour mesurer le succès de vos initiatives d'IA. Ces indicateurs doivent être spécifiques, mesurables et alignés sur vos objectifs commerciaux. Par exemple, si vous implémentez l'IA dans le service client, vous pouvez suivre des indicateurs tels que le temps de réponse, les scores de satisfaction des clients et les taux de résolution. En mesurant l'impact de l'IA sur votre entreprise, vous pouvez prendre des décisions fondées sur des données pour savoir où investir davantage et où faire des ajustements.

Les données sont un élément essentiel de toute stratégie d'IA. L'IA s'appuie fortement sur les données pour fonctionner efficacement, d'où l'importance d'évaluer la qualité et la disponibilité de vos données avant de procéder à leur mise en œuvre. Sans données précises, pertinentes et bien organisées, même les systèmes d'IA les plus sophistiqués auront du mal à fournir des résultats significatifs. Par conséquent, comprendre le rôle des données dans l'IA est crucial pour assurer une mise en œuvre réussie.

Commencez par effectuer un audit de vos sources de données existantes. Identifiez les données que vous collectez actuellement, la manière dont elles sont stockées et la manière dont elles sont utilisées. Cet audit vous aidera à déterminer si vos données sont suffisantes pour soutenir vos initiatives d'IA. Par exemple, si vous envisagez de mettre en œuvre l'IA pour l'analyse prédictive des ventes, vous aurez besoin d'un ensemble de données robuste comprenant des données historiques sur les ventes, le comportement des clients et les tendances du marché. Si vos données sont incomplètes ou fragmentées, il peut être nécessaire d'investir dans des efforts de collecte et d'intégration des données avant d'aller de l'avant avec l'IA.

En plus d'évaluer vos données actuelles, réfléchissez à la manière dont vous allez gérer et maintenir la qualité des données au fil du temps. Les systèmes d'IA nécessitent un accès continu à des données de haute qualité pour rester efficaces. Cela signifie que vous devez mettre en place des processus pour mettre à jour et nettoyer régulièrement vos données, ainsi que pour garantir la sécurité et la confidentialité des données. Une mauvaise qualité des données peut conduire à des prédictions inexactes, à des prises de décision biaisées et, en fin de compte, à l'échec des initiatives d'IA. En privilégiant la qualité des données dès le départ, vous pouvez éviter ces pièges et mettre vos projets d'IA sur la voie du succès.

De plus, réfléchissez à la manière dont la gouvernance des données sera gérée au sein de votre organisation. La gouvernance des données consiste à établir des politiques et des procédures de gestion des données, en veillant à ce qu'elles soient utilisées de manière éthique et dans le respect de la réglementation. Étant donné que les systèmes d'IA s'appuient souvent sur des données sensibles, telles que des informations sur les clients ou des dossiers financiers, il est essentiel de mettre en place de solides pratiques de gouvernance des données. Il s'agit notamment de définir qui a accès aux données, comment elles sont utilisées et comment elles sont protégées. En établissant des politiques claires de gouvernance des données, vous pouvez atténuer les risques et établir un lien de confiance avec les parties prenantes, notamment les clients, les employés et les partenaires.

Il est crucial de prendre en compte les aspects organisationnels et culturels lors de l'évaluation de la préparation de votre entreprise à l'adoption de l'IA. Pour de nombreuses organisations, l'intelligence artificielle (IA) est un grand changement. Le succès de l'IA ne dépend pas seulement de la technologie elle-même, mais aussi de la volonté de votre personnel de l'adopter. L'établissement d'une culture qui adopte l'IA nécessite d'inclure les parties prenantes importantes dès le début, de souligner les avantages de la technologie et d'offrir de l'aide et de la formation aux membres du personnel pendant qu'ils s'adaptent aux nouvelles pratiques de travail.

Choisir les bons outils et solutions d'IA

La mise en œuvre de l'Intelligence Artificielle dans votre entreprise nécessite une réflexion approfondie sur les outils et les solutions qui s'offrent à vous. Avec le nombre croissant de technologies d'IA sur le marché, il est essentiel de choisir celles qui correspondent aux besoins et aux objectifs de votre entreprise. Cela implique de comprendre les différents outils d'IA disponibles pour les différentes fonctions de l'entreprise, de décider s'il faut opter pour des solutions sur mesure ou des produits prêts à l'emploi, et de prendre en compte des facteurs clés tels que l'évolutivité, l'intégration et le coût.

Les outils d'IA sont devenus de plus en plus spécialisés, répondant à des fonctions commerciales spécifiques dans tous les secteurs. Par exemple, dans le service client, les chatbots et les assistants virtuels alimentés par l'IA peuvent gérer les demandes de routine, fournir une assistance personnalisée et libérer les agents humains pour qu'ils se concentrent sur des tâches plus complexes. Ces outils sont conçus pour améliorer l'expérience client en offrant des réponses instantanées et précises et une disponibilité 24 heures sur 24. Dans le domaine du marketing, les outils d'IA peuvent analyser le comportement des clients, segmenter les audiences et fournir un contenu personnalisé qui stimule l'engagement et les conversions. Ce niveau de ciblage et de personnalisation serait presque impossible à atteindre sans l'IA.

Dans le domaine de la finance, les outils d'IA sont utilisés pour automatiser des processus tels que la facturation, le suivi des dépenses et les rapports financiers. Ces outils réduisent le temps et les efforts nécessaires à la gestion des finances tout en minimisant les erreurs. L'IA joue également un rôle essentiel dans la gestion des risques et la détection des fraudes, où elle peut analyser de grands volumes de données pour identifier des modèles inhabituels pouvant indiquer une activité frauduleuse. Dans le domaine des ressources humaines, les outils d'IA rationalisent le recrutement en automatisant la sélection des CV, la planification des entretiens et même la réalisation d'évaluations préliminaires. Ces outils vous aident à identifier plus efficacement les meilleurs talents, ce qui permet à votre équipe RH de se concentrer sur les initiatives stratégiques.

Au fur et à mesure que vous explorez les outils d'IA pour votre entreprise, vous devrez décider si vous souhaitez investir dans des solutions d'IA personnalisées ou dans des produits prêts à l'emploi. Cette décision dépend de plusieurs facteurs, dont les besoins spécifiques de votre entreprise, votre budget et vos objectifs à long terme. Les solutions d'IA sur mesure sont adaptées à vos besoins exacts, offrant un haut degré de personnalisation et de flexibilité. Ces solutions sont idéales pour les entreprises ayant des processus uniques ou des besoins spécialisés qui ne peuvent pas être entièrement satisfaits par des produits prêts à l'emploi. Par exemple, si votre entreprise a besoin d'un outil d'IA qui s'intègre à un logiciel propriétaire ou qui gère des tâches très spécifiques, une solution sur mesure peut être la meilleure option.

Cependant, les solutions d'IA personnalisées s'accompagnent de leur propre lot de défis. Ils peuvent être coûteux à développer et à maintenir, et le processus de développement peut prendre beaucoup de temps. De plus, les solutions personnalisées nécessitent une équipe de développeurs et de data scientists qualifiés, ce qui n'est peut-être pas réalisable pour les petites entreprises. Malgré ces défis, l'avantage d'avoir une solution qui répond parfaitement aux besoins de votre entreprise peut l'emporter sur les inconvénients, surtout si vous cherchez à obtenir un avantage concurrentiel grâce à l'innovation.

D'autre part, les produits d'IA prêts à l'emploi sont des solutions prédéfinies prêtes à l'emploi. Ces produits sont généralement plus abordables et plus rapides à mettre en œuvre que les solutions personnalisées. Ils sont conçus pour répondre aux besoins courants de l'entreprise et peuvent être déployés avec une personnalisation minimale. Les outils d'IA prêts à l'emploi sont idéaux pour les entreprises qui souhaitent intégrer rapidement l'IA dans leurs opérations sans le temps et les coûts associés au développement personnalisé. Ces outils sont également plus faciles à faire évoluer et sont souvent accompagnés d'un support continu de la part du fournisseur, ce qui en fait un choix pratique pour de nombreuses entreprises.

Lorsque vous choisissez entre des solutions d'IA personnalisées et prêtes à l'emploi, tenez compte du niveau de personnalisation dont vous avez besoin, de votre budget et du délai dans lequel vous devez mettre en œuvre l'IA. Si les besoins de votre entreprise sont standard et s'alignent sur les capacités des produits prêts à l'emploi, cette option peut être plus rentable et plus efficace. Cependant, si vous avez des exigences spécifiques qui ne peuvent pas être satisfaites par les produits existants, investir dans une solution sur mesure peut valoir le temps et les dépenses supplémentaires.

L'évolutivité est un autre facteur essentiel à prendre en compte lors du choix des outils d'IA. Les besoins de votre entreprise peuvent évoluer au fil du temps, et la solution d'IA que vous choisissez doit pouvoir évoluer avec vous. Que vous étendiez vos opérations, augmentiez le nombre d'utilisateurs ou ajoutiez de nouvelles fonctionnalités, l'outil d'IA doit être capable d'évoluer sans perturbations importantes ni coûts supplémentaires. Les produits prêts à l'emploi offrent souvent des options d'évolutivité, telles que des modèles de tarification différenciée qui vous permettent de mettre à niveau au fur et à mesure que votre entreprise se développe. Les solutions sur mesure peuvent également être conçues dans un souci d'évolutivité, mais cela nécessite une planification minutieuse et un investissement continu.

L'intégration est tout aussi importante lors de la sélection des outils d'IA. La solution d'IA que vous choisissez doit s'intégrer de manière transparente à vos systèmes et processus existants. Une mauvaise intégration peut entraîner des inefficacités, des silos de données et des opportunités manquées. Avant de prendre une décision, évaluez votre pile technologique actuelle et déterminez comment l'outil d'IA s'y intégrera. Par exemple, si vous mettez en œuvre un outil d'IA pour le service client, il doit s'intégrer à votre système CRM, ce qui permet un flux fluide des données client entre les plateformes. Si l'intégration est difficile, vous devrez peut-être travailler avec des fournisseurs ou des développeurs pour assurer la compatibilité, ce qui peut augmenter le coût global et la complexité du projet.

Enfin, le coût est un facteur crucial dans le choix des bons outils d'IA. Le coût des solutions d'IA peut varier considérablement en fonction de la complexité de la technologie, du niveau de personnalisation et de l'assistance continue requise. Il est important d'évaluer le coût total de possession, qui comprend non seulement le prix d'achat initial, mais aussi la mise en œuvre, la formation, la maintenance et les mises à niveau potentielles. Bien qu'il puisse être tentant d'opter pour la solution la moins coûteuse, il est essentiel de tenir compte de la valeur à long terme et du retour sur investissement. Un outil plus coûteux qui offre une plus grande évolutivité, une meilleure intégration et des performances plus élevées peut apporter plus de valeur à long terme.

Création ou externalisation de capacités d'IA

La création de capacités d'IA en interne offre l'avantage d'un contrôle total sur le processus de développement. Lorsque vous développez l'IA en interne, vous avez la possibilité d'adapter précisément la solution aux besoins de votre entreprise, en vous assurant qu'elle s'aligne parfaitement avec vos objectifs stratégiques. Cette approche vous permet d'intégrer l'IA en profondeur dans vos opérations, créant ainsi une connexion transparente entre vos systèmes existants et les nouveaux outils d'IA. De plus, le fait de disposer d'une équipe d'IA interne vous permet d'itérer rapidement, d'apporter des ajustements si nécessaire et d'améliorer continuellement le système en fonction des commentaires en temps réel de vos opérations.

Cependant, le développement des capacités d'IA en interne nécessite un investissement important en temps, en ressources et en expertise. Le développement de solutions d'IA est une tâche complexe qui nécessite des compétences spécialisées en science des données, en apprentissage automatique, en génie logiciel, etc. Constituer une équipe dotée de ces capacités peut s'avérer difficile, surtout si votre entreprise manque d'expérience en IA. De plus, la maintenance et l'évolution continues des systèmes d'IA nécessitent un apprentissage et une adaptation continus pour suivre les dernières avancées dans le domaine. Si votre entreprise n'est pas prête à investir dans ces domaines, l'approche de développement interne n'est peut-être pas l'option la plus réalisable.

D'autre part, le partenariat avec des fournisseurs d'IA offre une voie plus accessible et souvent plus rapide vers la mise en œuvre de l'IA. Les fournisseurs d'IA apportent leur expertise, leur expérience et des solutions prêtes à l'emploi, ce qui vous permet de tirer parti de leurs connaissances sans avoir besoin d'un développement interne approfondi. Ces fournisseurs proposent généralement une gamme de produits et de services d'IA qui peuvent être personnalisés pour répondre à vos besoins, offrant une solution pratique aux entreprises qui souhaitent adopter l'IA sans les frais généraux liés à la création et au maintien d'une équipe interne.

L'un des principaux avantages de travailler avec des fournisseurs d'IA est la possibilité d'accéder à une technologie et à une expertise de pointe qui peuvent être difficiles à cultiver en interne. Les fournisseurs sont souvent à l'avant-garde de l'innovation en matière d'IA, affinant continuellement leurs produits en fonction des tendances du secteur et des commentaires des clients. En vous associant à un fournisseur, vous pouvez bénéficier de ces avancées sans avoir à investir vous-même massivement dans la recherche et le développement. De plus, les fournisseurs fournissent souvent une assistance et des mises à jour continues, garantissant que vos systèmes d'IA restent à jour et efficaces au fur et à mesure que votre entreprise évolue.

Mais l'externalisation du développement de l'IA présente également des inconvénients. Vous risquez d'avoir moins de contrôle sur le processus de développement lorsque vous travaillez avec des fournisseurs externes, ce qui peut conduire à une solution qui n'est pas aussi précisément adaptée à vos demandes qu'une solution conçue en interne. De plus, vous courez le risque de devenir dépendant du fournisseur pour les mises à jour et l'assistance, ce qui pourrait poser des problèmes si les objectifs du fournisseur changent ou si la collaboration ne répond pas à vos attentes. De plus, les dépenses liées aux solutions des fournisseurs peuvent s'accumuler au fil du temps, surtout si la structure des prix exige des paiements réguliers pour les mises à niveau, les services d'assistance ou les licences logicielles.

Si vous choisissez de développer des capacités d'IA en interne, le succès de vos projets d'IA dépend de la constitution de la bonne équipe. Une équipe d'IA diversifiée doit être composée de personnes ayant des compétences diverses, chacune contribuant à différents aspects du développement et du déploiement de l'IA. Le noyau de votre équipe sera probablement composé de scientifiques des données, qui sont responsables de la création des algorithmes qui alimentent vos systèmes d'IA. Ces professionnels doivent avoir une solide expérience en mathématiques, en statistiques et en apprentissage automatique, ainsi qu'une expérience de travail avec de grands ensembles de données.

En plus des data scientists, vous aurez besoin d'ingénieurs logiciels capables d'intégrer des algorithmes d'IA dans vos systèmes existants et de vous assurer que les solutions sont évolutives et robustes. Ces ingénieurs doivent maîtriser les langages de programmation tels que Python ou Java et avoir de l'expérience dans le développement et le déploiement d'applications logicielles. Les concepteurs d'expérience utilisateur (UX) sont également importants, car ils contribueront à garantir que les outils d'IA sont intuitifs et faciles à utiliser pour votre équipe. Enfin, les chefs de projet ayant de l'expérience dans la mise en œuvre de l'IA peuvent aider à coordonner les efforts de votre équipe, à maintenir le projet sur la bonne voie et à s'assurer qu'il s'aligne sur votre stratégie commerciale globale.

Dans certains cas, il peut être judicieux de compléter votre équipe interne avec une expertise externe. Collaborer avec des startups et des consultants en IA peut fournir des informations précieuses et des compétences spécialisées que vous n'avez peut-être pas en interne. Les startups d'IA, en particulier, sont souvent à la pointe de l'innovation, développant de nouvelles technologies et approches qui peuvent donner à votre entreprise un avantage concurrentiel. En vous associant à ces startups, vous pouvez accéder aux dernières avancées en matière d'IA et vous aider à garder une longueur d'avance.

Les consultants, quant à eux, peuvent offrir des conseils stratégiques et vous aider à naviguer dans les complexités de la mise en œuvre de l'IA. Ils apportent une riche expérience de travail avec d'autres entreprises et peuvent fournir des informations objectives sur votre stratégie d'IA. Les consultants peuvent également vous aider à effectuer des tâches spécifiques, telles que l'analyse de données, le développement de modèles ou l'intégration de systèmes, ce qui permet à votre équipe interne de se concentrer sur ses responsabilités principales.

En fin de compte, la décision de créer des capacités d'IA en interne ou de les externaliser à des fournisseurs dépendra des besoins, des ressources et des objectifs uniques de votre entreprise. Si vous disposez des ressources et de l'expertise nécessaires pour développer l'IA en interne, cette approche peut offrir un contrôle et une personnalisation accrus, ce qui vous permet de créer une solution étroitement alignée sur vos objectifs commerciaux. Cependant, si vous êtes à la recherche d'une solution plus rapide et potentiellement moins gourmande en ressources, un partenariat avec des fournisseurs d'IA ou une collaboration avec des startups et des consultants peut vous fournir l'expertise et la technologie dont vous avez besoin pour mettre en œuvre efficacement l'IA.

Chapitre 5

Études de cas : Les entreprises explosent grâce à l'IA

Petites entreprises tirant parti de l'IA

L'intelligence artificielle est devenue un outil puissant pour les petites entreprises, leur permettant de rivaliser avec des concurrents plus importants en améliorant l'efficacité et l'expérience client. Un exemple notable d'une petite entreprise qui a réussi à tirer parti de l'IA est un magasin de détail qui a utilisé l'IA pour révolutionner ses efforts de marketing personnalisé. Traditionnellement, les petits détaillants ont été confrontés à des défis pour personnaliser leurs campagnes de marketing en raison de ressources limitées et de contraintes technologiques. Cependant, ce magasin a adopté un moteur de recommandation piloté par l'IA qui a transformé son approche de l'engagement client.

Le système d'IA a analysé l'historique d'achat, les comportements de navigation et les préférences des clients, ce qui a permis au magasin de fournir des recommandations de produits hautement personnalisées. En utilisant l'IA pour comprendre les préférences uniques de chaque client, le magasin a pu créer des campagnes marketing ciblées adaptées aux besoins individuels. Par exemple, si un client achète fréquemment des vêtements de sport, le système d'IA suggère des articles complémentaires ou informe le client des ventes à venir de produits connexes. Cette approche personnalisée a permis d'augmenter considérablement la satisfaction et la fidélité des clients, car ceux-ci ont estimé que le magasin comprenait et répondait à leurs besoins spécifiques.

Le succès de cette stratégie marketing basée sur l'IA a été évident dans la croissance des revenus du magasin. Les clients qui ont reçu des recommandations personnalisées étaient plus susceptibles d'effectuer des achats répétés et de dépenser plus par transaction. De plus, le magasin a constaté une réduction des coûts de marketing, car l'IA a permis un ciblage plus efficace, garantissant que les efforts de marketing étaient concentrés sur les clients les plus susceptibles de convertir. Ce cas démontre comment l'IA peut permettre aux petites entreprises d'offrir des expériences personnalisées qui fidélisent les clients et stimulent les ventes.

Un autre exemple de petite entreprise exploitant l'IA est un fournisseur de services local qui a optimisé son processus de planification à l'aide de l'IA. La gestion des rendez-vous et des horaires peut être une tâche complexe pour les prestataires de services, surtout lorsqu'il s'agit de faire face à une demande fluctuante et à des ressources limitées. Cette entreprise a mis en place un système de planification alimenté par l'IA qui analyse les données historiques, les préférences des clients et la disponibilité du personnel afin d'optimiser la prise de rendez-vous.

Le système d'IA a été capable de prédire les heures de pointe, d'identifier les conflits d'horaire potentiels et de suggérer des créneaux horaires optimaux pour les rendez-vous. Cela a non seulement amélioré l'efficacité opérationnelle, mais a également augmenté la satisfaction des clients en réduisant les temps d'attente et en veillant à ce que les rendez-vous soient fixés à des moments opportuns. Le fournisseur de services a également utilisé l'IA pour envoyer des rappels automatisés aux clients, réduisant ainsi le nombre de non-présentations et d'annulations. En conséquence, l'entreprise a connu une augmentation de sa productivité et de ses revenus, tandis que les clients ont apprécié l'expérience de planification transparente.

Une start-up opérant dans un marché de niche fournit un autre exemple convaincant de la façon dont l'IA peut stimuler l'innovation et le succès. Cette startup a développé une solution basée sur l'IA qui a résolu un problème spécifique au sein de son industrie, ce qui lui a permis de se tailler une position unique sur le marché. En se concentrant sur un créneau, la startup a pu tirer parti de l'IA pour offrir un produit hautement spécialisé qui répondait aux besoins uniques de son public cible.

La technologie d'IA développée par la startup était capable d'analyser des ensembles de données complexes et de fournir des informations exploitables qui étaient auparavant inaccessibles. Cela a donné à la startup un avantage concurrentiel significatif, car elle pouvait offrir à ses clients un niveau de service et d'expertise inégalé par ses concurrents. Le succès de la startup met en évidence le potentiel de l'IA pour permettre aux petites entreprises d'innover et de prospérer sur des marchés spécialisés, même lorsqu'elles sont en concurrence avec des acteurs plus grands et mieux établis.

Les entreprises de taille moyenne et le succès de l'IA

Les entreprises de taille moyenne bénéficient également de l'adoption de l'IA, qui l'utilise pour améliorer l'efficacité opérationnelle, améliorer la qualité des produits et mieux gérer les relations avec les clients. Un fabricant de taille moyenne offre un excellent exemple de la façon dont l'IA peut être utilisée pour le contrôle de la qualité. Dans le secteur de la fabrication, le maintien d'une qualité de produit constante est crucial pour le succès, mais cela peut s'avérer difficile en raison de la complexité des processus de production et de la variabilité des matières premières.

Ce fabricant a mis en place un système de contrôle de la qualité basé sur l'IA qui utilisait des algorithmes d'apprentissage automatique pour surveiller les lignes de production en temps réel. Le système d'IA a analysé les données des capteurs placés le long de la chaîne de production, détectant les anomalies et identifiant les défauts potentiels avant qu'ils n'aient un impact sur le produit final. En détectant les défauts dès le début du processus de production, le fabricant a pu réduire les déchets, réduire les coûts et améliorer la qualité globale du produit. Le système d'IA a également fourni des informations sur l'amélioration des processus, ce qui a permis à l'entreprise d'optimiser en permanence ses opérations de fabrication.

Le succès de ce système de contrôle de la qualité piloté par l'IA était évident dans l'efficacité accrue de la production et la réduction des taux de défauts du fabricant. L'entreprise a été en mesure de fournir des produits de meilleure qualité à ses clients, ce qui a entraîné une augmentation de la satisfaction des clients et une fidélisation des clients. Ce cas montre comment les entreprises de taille moyenne peuvent tirer parti de l'IA pour améliorer leurs processus de production et obtenir des améliorations opérationnelles significatives.

Un autre exemple de succès de l'IA dans les entreprises de taille moyenne provient d'une chaîne de magasins régionale qui a utilisé l'IA pour améliorer la gestion des stocks. La gestion des stocks sur plusieurs sites peut s'avérer complexe et coûteuse, en particulier lorsqu'il s'agit de faire face à une demande fluctuante et à des gammes de produits diversifiées. Cette chaîne de vente au détail a mis en place un système de gestion des stocks basé sur l'IA qui analyse les données de vente, le comportement des clients et les tendances du marché pour prédire la demande avec plus de précision.

Le système d'IA a optimisé les niveaux de stock en ajustant automatiquement les commandes en fonction de la demande prévue, garantissant ainsi que chaque magasin avait les bons produits en stock au bon moment. Cela a conduit à une réduction des ruptures de stock et des situations de surstock, ce qui a entraîné une réduction des coûts de stock et une amélioration des performances de vente. Le système d'IA a également fourni à la chaîne des informations en temps réel sur les niveaux de stock dans tous les emplacements, ce qui a permis une distribution et un réapprovisionnement plus efficaces.

Grâce à ces améliorations, la chaîne de magasins a été en mesure de réduire ses coûts d'inventaire globaux tout en augmentant ses ventes et la satisfaction de ses clients. Le succès de ce système de gestion des stocks basé sur l'IA met en évidence le potentiel des entreprises de taille moyenne à améliorer leurs opérations de chaîne d'approvisionnement et à obtenir de meilleurs résultats financiers grâce à l'utilisation de l'IA.

Une société de services financiers fournit un autre exemple convaincant de la façon dont les entreprises de taille moyenne peuvent tirer parti de l'IA pour améliorer la gestion des clients. Dans le secteur financier, la gestion des relations avec les clients est essentielle au succès, mais il peut être difficile de fournir un service personnalisé à grande échelle. Cette société a mis en place un système de gestion des clients basé sur l'IA qui a analysé les données des clients, y compris l'historique des transactions, les préférences d'investissement et les modèles de communication, afin de fournir des conseils et des recommandations financières personnalisés.

Le système d'IA a permis à l'entreprise de segmenter ses clients plus efficacement, d'identifier les clients de grande valeur et d'adapter les services pour répondre à leurs besoins spécifiques. Le système a également fourni des informations sur le comportement des clients, ce qui a permis à l'entreprise d'anticiper leurs besoins et d'offrir de manière proactive des produits et services pertinents. Cette approche personnalisée s'est traduite par des taux de satisfaction et de rétention plus élevés des clients, car les clients ont estimé que leur conseiller financier comprenait vraiment leurs objectifs individuels et y répondait.

La société a également utilisé l'IA pour automatiser les tâches de routine, telles que le rééquilibrage du portefeuille et le suivi du rendement, libérant ainsi du temps pour les conseillers afin qu'ils puissent se concentrer sur l'établissement de relations et la fourniture de conseils stratégiques. Cette combinaison de service personnalisé et d'efficacité opérationnelle a donné à l'entreprise un avantage concurrentiel sur le marché, ce qui a entraîné une augmentation de l'acquisition de clients et de la croissance.

Les grandes entreprises prospèrent grâce à l'IA

Les grandes entreprises sont à l'avant-garde de l'adoption de l'IA, utilisant cette technologie pour optimiser les opérations mondiales, stimuler l'innovation produit et améliorer la maintenance prédictive. Un détaillant mondial fournit un exemple convaincant de la façon dont l'IA peut être utilisée pour optimiser la gestion de la chaîne d'approvisionnement. La gestion d'une chaîne d'approvisionnement mondiale complexe est l'un des aspects les plus difficiles de la gestion d'une grande entreprise, et les inefficacités peuvent entraîner des coûts et des retards importants.

Ce détaillant a mis en place un système de gestion de la chaîne d'approvisionnement basé sur l'IA qui analyse les données des fournisseurs, des prestataires logistiques et des points de vente en temps réel. Le système d'IA a été capable de prédire les perturbations potentielles, telles que les retards d'expédition ou les changements dans la demande, et d'ajuster automatiquement la chaîne d'approvisionnement pour minimiser l'impact. Par exemple, si le système détecte un retard dans une expédition, il peut réacheminer les commandes ou ajuster les niveaux de stock aux emplacements concernés pour s'assurer que les produits restent disponibles pour les clients.

Le système d'IA a également optimisé les niveaux de stock dans l'ensemble du réseau mondial du détaillant, réduisant ainsi le besoin de stocks excédentaires et minimisant le risque de ruptures de stock. En surveillant et en ajustant en permanence la chaîne d'approvisionnement, le détaillant a pu réduire les coûts, améliorer l'efficacité et offrir une meilleure expérience client. Ce cas montre comment les grandes entreprises peuvent tirer parti de l'IA pour gérer des opérations complexes à l'échelle mondiale, réalisant ainsi des économies de coûts et des améliorations opérationnelles significatives.

Une grande entreprise technologique offre un autre exemple de la façon dont l'IA peut stimuler l'innovation de produits. Dans l'industrie technologique, garder une longueur d'avance sur la concurrence nécessite une innovation continue et la capacité d'anticiper les tendances du marché. Cette société a utilisé l'IA pour analyser de grandes quantités de données de marché, de commentaires des clients et de modèles d'utilisation afin d'identifier les tendances émergentes et les domaines de développement de produits.

Le système d'IA a fourni à l'entreprise des informations sur les besoins et les préférences des clients, ce qui lui a permis de développer des produits qui répondaient plus efficacement à ces besoins. Par exemple, le système peut identifier une demande croissante pour une caractéristique ou une fonctionnalité spécifique, incitant l'entreprise à prioriser son développement. En utilisant l'IA pour guider sa stratégie de développement de produits, l'entreprise a pu commercialiser plus rapidement des produits innovants, en conquérant des parts de marché et en gardant une longueur d'avance sur ses concurrents.

L'entreprise a également utilisé l'IA pour optimiser ses processus de recherche et de développement, réduisant ainsi le temps et les coûts associés à la mise sur le marché de nouveaux produits. Cela a permis à l'entreprise de maintenir sa position de leader dans l'industrie technologique, en repoussant continuellement les limites de l'innovation et en établissant de nouvelles normes pour le marché.

Enfin, une multinationale fournit un exemple convaincant de la façon dont l'IA peut être utilisée pour la maintenance prédictive. Dans des secteurs tels que la fabrication, l'énergie et les transports, les temps d'arrêt des équipements peuvent entraîner des coûts importants et une perte de productivité. Cette société a mis en place un système de maintenance prédictive piloté par l'IA qui analyse les données des capteurs sur les équipements pour détecter les signes d'usure, prédire les pannes et recommander des calendriers de maintenance.

Le système d'IA a permis à l'entreprise de passer d'une maintenance réactive à une maintenance proactive, en résolvant les problèmes potentiels avant qu'ils n'entraînent des pannes coûteuses. Cela a non seulement réduit les temps d'arrêt, mais a également prolongé la durée de vie de l'équipement, ce qui a permis de réaliser d'importantes économies. Le système a également fourni des informations sur le rendement de l'équipement, ce qui a permis à la société d'optimiser ses opérations et d'améliorer son efficacité.

En tirant parti de l'IA pour la maintenance prédictive, l'entreprise a pu réduire les coûts de maintenance, améliorer la fiabilité des équipements et augmenter la productivité globale. Ce cas montre comment les grandes entreprises peuvent utiliser l'IA pour optimiser leurs opérations, réduire les coûts et maintenir un avantage concurrentiel dans leurs secteurs.

Chapitre 6

Surmonter les défis de l'adoption de l'IA

Obstacles courants à la mise en œuvre de l'IA

L'adoption de l'IA présente de nombreux avantages, mais elle s'accompagne également d'un certain nombre de difficultés qui peuvent empêcher une utilisation réussie. Les plus grands défis comprennent l'aversion des gens pour le changement, les problèmes de disponibilité et de qualité des données et le manque de travailleurs qualifiés.

La culture organisationnelle est souvent à l'origine de résistances au changement. Lorsque l'IA est mise en œuvre, les opérations de votre entreprise doivent changer fondamentalement. Les travailleurs peuvent craindre que l'IA ne sape leurs capacités, ne perturbe les flux de travail actuels ou ne les remplace. Cette préoccupation peut susciter des doutes, voire de l'hostilité à l'égard des projets d'IA. Il est essentiel d'inclure votre personnel dans le processus d'adoption de l'IA dès le début afin de surmonter cet obstacle. Les craintes peuvent être réduites en ayant une communication ouverte et honnête sur les avantages de l'IA, son objectif et la façon dont elle complétera les travailleurs plutôt que de les remplacer. Pour favoriser l'acceptation et l'enthousiasme pour l'IA, citons l'inclusion de votre personnel dès le début, la formation et la démonstration de la manière dont la technologie peut rendre leur travail plus productif et moins monotone. Un autre défi important dans la mise en œuvre de l'IA est d'assurer la qualité et la disponibilité des données. Les systèmes d'IA s'appuient sur de grands volumes de données de haute qualité pour fonctionner efficacement. Une mauvaise qualité des données, comme des données incomplètes, obsolètes ou biaisées, peut entraîner des prédictions inexactes et des résultats sous-optimaux. De plus, la disponibilité des données peut être un obstacle, surtout si votre entreprise n'a pas encore établi de pratiques solides de collecte et de gestion des données. Pour surmonter ces défis, il faut effectuer un audit approfondi de votre infrastructure de données existante. Vous devez évaluer la qualité de vos données, identifier les lacunes et mettre en œuvre des stratégies pour améliorer la collecte, le stockage et la gouvernance des données. L'établissement de protocoles de gestion des données clairs, l'investissement dans des outils de nettoyage et d'intégration des données et la garantie que vos données sont à jour et pertinentes sont des étapes essentielles pour maximiser l'efficacité de l'IA dans votre entreprise.

La pénurie de personnel qualifié est un autre obstacle courant à l'adoption de l'IA. La mise en œuvre de l'IA nécessite une expertise en science des données, en apprentissage automatique et en technologies d'IA, des compétences qui ne sont peut-être pas facilement disponibles au sein de votre organisation. Ce manque de compétences peut ralentir le processus de mise en œuvre et réduire l'efficacité de vos initiatives d'IA. Pour résoudre ce problème, envisagez d'investir dans l'amélioration des compétences de vos employés existants grâce à des programmes de formation axés sur l'IA et la science des données. Vous devrez peut-être également recruter de nouveaux talents possédant l'expertise nécessaire ou vous associer à des consultants et à des fournisseurs externes qui peuvent vous fournir les compétences spécialisées requises. Il est essentiel de constituer une équipe solide avec la bonne combinaison de compétences et de connaissances pour naviguer dans les complexités de la mise en œuvre de l'IA et assurer le succès à long terme.

Considérations juridiques et éthiques

À mesure que vous intégrez l'IA dans votre entreprise, il devient de plus en plus important de naviguer dans le paysage juridique et éthique. Les technologies de l'IA posent une série de défis juridiques et éthiques, en particulier dans des domaines tels que la confidentialité des données, la sécurité et la prise de décision.

La confidentialité et la sécurité des données sont des préoccupations essentielles lors de la mise en œuvre de l'IA. Les systèmes d'IA nécessitent souvent l'accès à de grandes quantités de données personnelles et sensibles, ce qui soulève des questions sur la façon dont ces données sont collectées, stockées et utilisées. Le respect des réglementations en matière de protection des données, telles que le Règlement général sur la protection des données (RGPD) en Europe ou le California Consumer Privacy Act (CCPA) aux États-Unis, est essentiel pour éviter les répercussions juridiques et protéger la confiance de vos clients. Il est important de s'assurer que vos systèmes d'IA sont conçus dans un souci de confidentialité et de sécurité, en intégrant le cryptage des données, l'anonymisation et des contrôles d'accès robustes. Des audits et des évaluations réguliers de vos pratiques en matière de données peuvent vous aider à identifier les vulnérabilités potentielles et à garantir la conformité aux réglementations en constante évolution.

La prise en compte des implications éthiques de l'IA dans la prise de décision est un autre aspect crucial. Les décisions prises dans les domaines du recrutement, des prêts, des soins de santé et de l'application de la loi, entre autres, peuvent être grandement influencées par les systèmes d'IA. Il est essentiel d'éliminer les préjugés potentiels et de maintenir l'équité dans ces jugements, car ils peuvent avoir des effets importants sur les personnes et les communautés. Étant donné que la qualité des algorithmes d'IA dépend des données sur lesquelles ils sont formés, les données biaisées peuvent amener l'IA à porter des jugements qui aggravent, voire maintiennent, les disparités déjà existantes. Il est essentiel de mettre en place des techniques de détection et d'atténuation des biais, d'auditer régulièrement vos systèmes d'IA et de créer des politiques explicites pour l'utilisation morale de l'IA afin de réduire ces dangers. Le maintien de normes éthiques nécessite également d'assurer la transparence des processus décisionnels de l'IA afin que les parties prenantes comprennent comment les jugements sont portés. La conformité aux paysages réglementaires est un autre défi dans l'adoption de l'IA. L'environnement juridique entourant l'IA est encore en évolution, différents pays et régions adoptant diverses approches en matière de réglementation de l'IA. Il est essentiel de se tenir informé de ces développements pour s'assurer que vos initiatives d'IA sont conformes aux lois et réglementations en vigueur. Il s'agit notamment de comprendre les réglementations spécifiques à votre secteur d'activité qui peuvent s'appliquer à votre entreprise, telles que celles régissant les soins de santé, la finance ou la protection des consommateurs. Travailler en étroite collaboration avec des experts juridiques et des consultants peut vous aider à naviguer dans ce paysage complexe, en vous assurant que vos systèmes d'IA sont conformes et que vous êtes prêt à faire face à tout changement réglementaire qui pourrait survenir.

Stratégies pour une adoption réussie de l'IA

Pour réussir l'adoption de l'IA dans votre entreprise, il ne suffit pas de surmonter des défis. Il s'agit de mettre en œuvre des stratégies qui favorisent l'acceptation, l'amélioration continue et des résultats mesurables. Une gestion efficace du changement, un apprentissage continu et des indicateurs clairs pour mesurer le succès sont des éléments essentiels d'une stratégie d'adoption de l'IA réussie.

La gestion du changement est un aspect essentiel de l'adoption de l'IA. L'IA représente un changement important dans le fonctionnement de votre entreprise, et la gestion efficace de ce changement est essentielle pour assurer une transition en douceur. Une gestion efficace du changement implique non seulement de s'attaquer à la résistance au changement, mais aussi d'impliquer activement les employés dans le processus d'adoption. Commencez par élaborer un argumentaire solide en faveur de l'adoption de l'IA, en décrivant clairement les avantages et la manière dont l'IA soutiendra les objectifs de l'organisation. Impliquez les employés à tous les niveaux dans le processus de planification et de mise en œuvre, en leur fournissant les informations et la formation dont ils ont besoin pour se sentir en confiance dans l'utilisation de l'IA. Encouragez une communication ouverte et fournissez des canaux de rétroaction, permettant aux employés d'exprimer leurs préoccupations et leurs suggestions. Reconnaître et célébrer les petites victoires en cours de route peut également contribuer à créer un élan et à démontrer l'impact positif de l'IA sur l'organisation.

L'apprentissage continu et le perfectionnement sont essentiels à la réussite de l'intégration de l'IA. Le paysage de l'IA est en constante évolution, avec de nouvelles technologies, méthodologies et meilleures pratiques qui émergent régulièrement. Pour suivre le rythme de ces changements, il est important de favoriser une culture d'apprentissage continu au sein de votre organisation. Il s'agit d'offrir des possibilités de formation et de développement continus à vos employés, en veillant à ce qu'ils se tiennent au courant des dernières tendances et compétences en matière d'IA. Envisagez d'offrir des ateliers, des cours en ligne et des certifications en IA et en science des données, ainsi que d'encourager les employés à assister à des conférences et des événements de l'industrie. En investissant dans la formation de votre équipe, non seulement vous améliorez leurs compétences, mais vous constituez également une main-d'œuvre adaptable et prête à relever de nouveaux défis et à saisir de nouvelles opportunités.

Pour comprendre l'impact de vos activités d'IA et éclairer vos choix futurs, vous devez mesurer leur retour sur investissement (ROI). Établissez des mesures précises, telles que l'augmentation de la productivité, les économies de coûts, la croissance des revenus ou la satisfaction des clients, pour évaluer les performances de vos efforts d'IA. Examinez régulièrement ces indicateurs pour déterminer si vos projets d'IA produisent les résultats souhaités. Si les résultats ne sont pas à la hauteur de vos attentes, soyez prêt à affiner votre approche, à apporter les changements nécessaires et à continuer d'essayer jusqu'à ce que vous atteigniez vos objectifs. Vous pouvez optimiser vos systèmes d'IA, trouver des domaines à améliorer et vous assurer que vos investissements en IA sont rentables à long terme en effectuant une surveillance et une évaluation continues.

Chapitre 7

L'avenir de l'IA dans les entreprises

Tendances émergentes en IA

Alors que nous nous tournons vers l'avenir, le paysage de l'intelligence artificielle continue d'évoluer à un rythme rapide. Les tendances émergentes façonnent la façon dont les entreprises interagissent avec les clients, gèrent les opérations et innovent. Parmi les tendances les plus importantes figurent l'essor de la personnalisation basée sur l'IA, l'intégration de l'IA à l'Internet des objets (IoT) et la convergence de l'IA avec les technologies blockchain. Ces tendances ne sont pas seulement des avancées technologiques ; Ils représentent des changements fondamentaux dans la façon dont les entreprises fonctionnent et se livrent à la concurrence sur le marché.

L'une des tendances les plus transformatrices est l'essor de la personnalisation basée sur l'IA. Dans l'environnement hautement concurrentiel d'aujourd'hui, les entreprises sont soumises à une pression croissante pour offrir des expériences personnalisées à leurs clients. L'IA joue un rôle crucial pour répondre à cette demande en permettant aux entreprises d'analyser de grandes quantités de données pour comprendre les préférences, les comportements et les besoins individuels des clients. Ce niveau de personnalisation va au-delà du simple fait de s'adresser aux clients par leur prénom dans les e-mails ; Il s'agit d'adapter chaque interaction et d'offrir des produits, des services et du contenu qui résonnent à un niveau personnel.

Par exemple, l'IA peut analyser l'historique d'achat d'un client, son comportement de navigation et même son activité sur les réseaux sociaux pour prédire les produits qui sont les plus susceptibles de l'intéresser. Cela permet aux entreprises de présenter des recommandations très ciblées, ce qui augmente la probabilité de conversion et favorise une plus grande fidélité des clients. À mesure que les algorithmes d'IA deviennent plus sophistiqués, la capacité à personnaliser les expériences continuera de croître, ce qui permettra aux entreprises d'établir des relations plus solides et plus significatives avec leurs clients. À l'avenir, nous pouvons nous attendre à ce que la personnalisation basée sur l'IA s'étende au-delà du commerce de détail et du marketing, influençant des domaines tels que les soins de santé, où des plans de traitement personnalisés pourraient être élaborés sur la base des données individuelles des patients, et l'éducation, où les expériences d'apprentissage pourraient être adaptées aux besoins et aux capacités uniques de chaque étudiant.

Une autre tendance émergente est l'intégration de l'IA à l'Internet des objets (IoT). L'IoT fait référence au réseau d'appareils connectés qui collectent et échangent des données, des appareils électroménagers intelligents aux machines industrielles. Lorsqu'ils sont combinés à l'IA, ces appareils deviennent encore plus puissants, car l'IA peut analyser les données collectées par les appareils IoT en temps réel et prendre des décisions intelligentes en fonction de cette analyse. Cette intégration a le potentiel de révolutionner les industries en permettant des opérations plus intelligentes et plus efficaces.

Dans l'industrie manufacturière, par exemple, les appareils IoT alimentés par l'IA peuvent surveiller les performances des équipements et prédire quand une maintenance est nécessaire, réduisant ainsi les temps d'arrêt et prolongeant la durée de vie des machines. Dans l'agriculture, les capteurs IoT combinés à l'IA peuvent surveiller les conditions du sol, les conditions météorologiques et la santé des cultures afin d'optimiser les pratiques agricoles et d'augmenter les rendements. Dans les villes intelligentes, l'IA et l'IoT travaillent ensemble pour gérer les flux de circulation, réduire la consommation d'énergie et améliorer la sécurité publique. Les possibilités sont vastes et, à mesure que le nombre d'appareils connectés ne cesse de croître, l'intégration de l'IA et de l'IoT deviendra de plus en plus essentielle au succès des entreprises de tous les secteurs.

La convergence des technologies de l'IA et de la blockchain représente une autre tendance importante qui est sur le point de remodeler le paysage commercial. La blockchain, la technologie de registre décentralisé qui sous-tend les crypto-monnaies comme le bitcoin, offre un moyen sûr et transparent d'enregistrer les transactions et de stocker des données. Lorsqu'elle est combinée à l'IA, la blockchain peut améliorer la fiabilité et la transparence des processus pilotés par l'IA, en répondant à certaines des préoccupations liées à la sécurité des données et aux biais algorithmiques.

Par exemple, les algorithmes d'IA qui s'appuient sur de grands ensembles de données peuvent utiliser la blockchain pour garantir l'intégrité et la provenance des données, réduisant ainsi le risque de manipulation ou de falsification. De plus, la blockchain peut fournir un enregistrement transparent des processus de prise de décision de l'IA, permettant aux entreprises d'auditer et de vérifier comment les systèmes d'IA parviennent à leurs conclusions. Ceci est particulièrement important dans les secteurs où la responsabilité et la transparence sont essentielles, comme la finance, les soins de santé et les services juridiques. À mesure que les technologies de l'IA et de la blockchain continuent de se développer, leur convergence créera de nouvelles opportunités pour les entreprises d'innover tout en préservant la confiance et la sécurité.

Le rôle de l'IA dans un monde post-pandémique

La pandémie de COVID-19 a accéléré l'adoption de l'IA dans divers secteurs, et son rôle dans l'avenir des entreprises ne peut être surestimé. Alors que nous entrons dans un monde post-pandémique, l'IA continuera de jouer un rôle crucial pour relever les défis et saisir les opportunités qui se présentent. L'un des impacts les plus importants de l'IA dans ce contexte est son influence sur l'avenir du travail à distance.

La pandémie a forcé de nombreuses entreprises à adopter des modèles de travail à distance, et l'IA a joué un rôle déterminant dans le succès de cette transition. Les outils alimentés par l'IA ont permis aux équipes à distance de collaborer plus efficacement, d'automatiser les tâches de routine et de maintenir la productivité malgré la distance physique. Par exemple, les plateformes de communication basées sur l'IA peuvent analyser les transcriptions des réunions pour fournir des résumés et des actions, garantissant ainsi que tout le monde reste sur la même longueur d'onde. L'IA peut également surveiller l'engagement et le bien-être des employés, ce qui aide les gestionnaires à identifier les problèmes potentiels et à fournir un soutien aux travailleurs à distance.

Alors que le travail à distance continue d'être un modèle répandu dans le monde post-pandémique, l'IA jouera un rôle encore plus important dans l'optimisation des environnements de travail à distance. L'IA peut être utilisée pour personnaliser les expériences de travail à distance, en adaptant les outils et les ressources aux besoins et aux préférences de chaque employé. De plus, l'IA peut aider les entreprises à surmonter les défis de la gestion d'équipes distribuées en fournissant des informations sur la dynamique d'équipe, les tendances de productivité et les domaines à améliorer. En tirant parti de l'IA, les entreprises peuvent créer des modèles de travail à distance plus résilients et adaptables qui améliorent la satisfaction et la productivité des employés.

Un autre rôle essentiel de l'IA dans un monde post-pandémique est la création d'entreprises résilientes. La pandémie a mis en évidence les vulnérabilités des modèles d'affaires traditionnels, en particulier ceux qui reposent sur la présence physique et les interactions en face à face. L'IA offre un moyen de créer des entreprises plus résilientes en favorisant la transformation numérique, en automatisant les processus clés et en fournissant des informations en temps réel sur les conditions du marché.

Par exemple, l'IA peut aider les entreprises à surveiller et à répondre aux changements de comportement des consommateurs, aux perturbations de la chaîne d'approvisionnement et aux changements économiques. En analysant des données provenant de sources multiples, l'IA peut fournir des alertes précoces sur les risques potentiels et suggérer des stratégies pour les atténuer. Cette approche proactive permet aux entreprises de s'adapter rapidement aux conditions changeantes, en réduisant l'impact des événements imprévus et en maintenant la continuité.

L'IA peut également améliorer la résilience des chaînes d'approvisionnement en optimisant la logistique, en prédisant les fluctuations de la demande et en identifiant d'autres fournisseurs. Pendant la pandémie, de nombreuses entreprises ont été confrontées à des perturbations de la chaîne d'approvisionnement en raison des confinements et des restrictions. Les systèmes de gestion de la chaîne d'approvisionnement alimentés par l'IA peuvent aider les entreprises à anticiper et à répondre à de telles perturbations à l'avenir, en s'assurant qu'elles restent agiles et capables de fournir des produits et des services même dans des circonstances difficiles.

Se préparer à la prochaine vague d'innovations en matière d'IA est une autre considération essentielle pour les entreprises dans un monde post-pandémique. Les progrès rapides de la technologie de l'IA pendant la pandémie ont démontré le potentiel de l'IA à entraîner des changements importants dans tous les secteurs. Cependant, pour garder une longueur d'avance, les entreprises doivent être proactives dans l'adoption de nouvelles innovations en matière d'IA et leur intégration dans leurs opérations.

L'un des domaines dans lesquels l'IA est susceptible de connaître des avancées significatives est le développement de modèles d'apprentissage automatique plus sophistiqués capables de gérer des tâches de plus en plus complexes. Par exemple, les systèmes d'IA capables de comprendre et d'interpréter les émotions, les intentions et le contexte humains permettront des interactions plus naturelles et intuitives entre les humains et les machines. Cela pourrait conduire à des percées dans le service client, le soutien en matière de santé mentale et l'éducation, où l'IA peut fournir une assistance personnalisée et empathique.

Un autre domaine d'innovation est l'utilisation de l'IA dans les processus de prise de décision. Au fur et à mesure que les algorithmes d'IA deviennent plus avancés, ils seront en mesure d'analyser des ensembles de données plus importants, d'identifier des modèles plus subtils et de faire des prédictions plus précises. Cela permettra aux entreprises de prendre des décisions plus éclairées dans des domaines tels que le marketing, les finances et les opérations. Cependant, ces progrès s'accompagnent de défis, notamment pour s'assurer que les processus décisionnels de l'IA sont transparents, équitables et exempts de préjugés. Les entreprises devront investir dans des cadres de gouvernance solides pour superviser les systèmes d'IA et s'assurer qu'ils sont conformes aux normes éthiques et aux exigences réglementaires.

Préparer votre entreprise pour l'avenir

Alors que l'IA continue d'évoluer et de façonner l'avenir des entreprises, il est essentiel de préparer votre organisation à exploiter tout son potentiel. Assurer la pérennité de vos investissements dans l'IA, donner la priorité à la recherche et au développement continus et tenir compte de la durabilité à long terme et de l'impact social de l'IA sont des stratégies essentielles pour garantir que votre entreprise reste compétitive et résiliente dans les années à venir.

L'une des étapes les plus importantes pour se préparer à l'avenir de l'IA est d'élaborer des stratégies pour assurer la pérennité de vos investissements dans l'IA. Il s'agit de s'assurer que les technologies d'IA que vous adoptez aujourd'hui sont évolutives, adaptables et capables d'évoluer en fonction des besoins de votre entreprise. À mesure que la technologie de l'IA continue de progresser, il est crucial de choisir des solutions capables de s'intégrer aux technologies émergentes, d'accueillir de nouvelles sources de données et d'évoluer pour répondre à la demande croissante. En investissant dans des plateformes d'IA flexibles qui permettent des mises à jour et des extensions faciles, vous

vous assurez que vos systèmes d'IA restent pertinents et efficaces à mesure que votre entreprise évolue.

La pérennité implique également d'être proactif dans l'identification des risques et des défis potentiels associés à l'adoption de l'IA. Il s'agit notamment de se tenir informé des changements réglementaires, des considérations éthiques et des avancées technologiques qui peuvent avoir un impact sur vos initiatives d'IA. En effectuant régulièrement des évaluations des risques et en planifiant des scénarios, vous pouvez anticiper les perturbations potentielles et élaborer des stratégies pour les atténuer. De plus, favoriser une culture d'innovation au sein de votre organisation, où les employés sont encouragés à expérimenter de nouvelles technologies et approches d'IA, aidera votre entreprise à garder une longueur d'avance.

La recherche et le développement continus de l'IA sont un autre élément essentiel de la préparation de votre entreprise pour l'avenir. Le paysage de l'IA est en constante évolution, avec de nouveaux algorithmes, outils et applications qui émergent régulièrement. Pour rester compétitif, il est essentiel d'investir dans des efforts de recherche et développement continus qui explorent de nouvelles capacités d'IA et les appliquent à vos défis commerciaux. Cela peut impliquer de s'associer à des institutions universitaires, à des consortiums industriels ou à des startups d'IA pour accéder à des recherches et à des informations de pointe.

En donnant la priorité à la R&D, vous pouvez identifier de nouvelles opportunités d'innovation en IA, tester de nouvelles approches et affiner vos stratégies d'IA au fil du temps. Par exemple, investir dans la recherche sur l'éthique et l'équité de l'IA peut aider votre entreprise à développer des systèmes d'IA transparents, impartiaux et alignés sur vos valeurs. De plus, l'exploration de nouvelles applications d'IA dans des domaines tels que l'automatisation, l'analyse prédictive et l'expérience client peut fournir des informations précieuses sur la façon dont l'IA peut stimuler la croissance et l'efficacité de votre organisation.

Les considérations à long terme, telles que la durabilité et l'impact social, doivent également être au cœur de votre stratégie d'IA. À mesure que l'IA devient plus omniprésente, son impact sur la société et l'environnement deviendra de plus en plus important. Les entreprises qui privilégient la durabilité et la responsabilité sociale dans leurs initiatives d'IA répondront non seulement aux attentes croissantes des consommateurs et des réglementations, mais créeront également des marques plus fortes et plus résilientes.

L'une des façons d'aborder la durabilité dans l'IA est de se concentrer sur l'impact environnemental des technologies d'IA. Les systèmes d'IA, en particulier ceux qui nécessitent de grandes quantités de puissance de calcul, peuvent avoir une empreinte carbone substantielle. En investissant dans des infrastructures d'IA économes en énergie, telles que des plateformes basées sur le cloud qui utilisent des sources d'énergie renouvelables, vous pouvez réduire l'impact environnemental de vos initiatives d'IA. De plus, l'exploration d'applications d'IA qui contribuent à la durabilité, telles que l'optimisation de la consommation d'énergie dans les chaînes d'approvisionnement ou le développement de produits écologiques, peut renforcer l'engagement de votre entreprise en faveur de la durabilité.

L'impact social de l'IA est une autre considération cruciale. L'IA a le potentiel d'apporter des changements sociaux significatifs, à la fois positifs et négatifs. Si l'IA peut améliorer l'accès aux services, améliorer l'éducation et créer de nouvelles opportunités d'emploi, elle peut également exacerber les inégalités, entraîner des déplacements d'emplois et soulever des préoccupations éthiques. Pour que vos initiatives d'IA aient un impact social positif, il est important de dialoguer avec les parties prenantes, notamment les employés, les clients et les communautés, afin de comprendre leurs préoccupations et leurs perspectives. En adoptant une approche inclusive du développement et de la mise en œuvre de l'IA, vous pouvez vous assurer que vos systèmes d'IA profitent à toutes les parties prenantes et contribuent à une société plus équitable et plus juste.

Conclusion

Adopter la révolution de l'IA

Alors que nous arrivons à la fin de cette enquête sur l'intelligence artificielle et ses effets sur les entreprises, il est évident que l'IA est une force révolutionnaire qui change la façon dont les entreprises fonctionnent, créent et rivalisent plutôt qu'une simple mode. Dans ce livre, nous avons examiné comment l'IA peut transformer un certain nombre de domaines d'activité, des gains de productivité et d'efficacité à la créativité et aux expériences client personnalisées. L'IA a un énorme potentiel pour ouvrir de nouvelles possibilités ; Les seules choses qui limitent ses applications sont notre créativité et notre capacité d'adaptation.

Les entreprises peuvent prendre des décisions plus rapides et plus éclairées grâce au traitement et à l'analyse en temps réel de volumes massifs de données par l'IA. L'IA donne aux entreprises les outils dont elles ont besoin pour fonctionner plus efficacement, qu'il s'agisse de prévoir les tendances du marché, de rationaliser les chaînes d'approvisionnement ou d'améliorer le support client. Au-delà de l'automatisation, l'IA est importante car elle permet aux entreprises de repenser les flux de travail existants, de trouver de nouvelles sources de revenus et de réagir rapidement et avec précision aux obstacles. Les entreprises qui utilisent efficacement l'IA maintiendront non seulement leur compétitivité, mais établiront également de nouveaux points de référence dans leurs secteurs respectifs.

Pour réaliser pleinement le potentiel de l'IA, l'adoption stratégique est essentielle. Il ne suffit pas de mettre en œuvre la technologie de l'IA sans précaution ou uniquement en tant qu'ajout aux systèmes actuels. L'adoption réussie de l'IA nécessite une stratégie délibérée qui tient compte de vos objectifs commerciaux, fait appel à vos talents particuliers et s'attaque à certaines difficultés. Il s'agit de déterminer dans quelle mesure votre entreprise est préparée à l'IA, de sélectionner les meilleures technologies, de développer les compétences requises et d'améliorer de manière itérative vos plans d'IA. Bien que le chemin soit complexe, il présente des avantages significatifs.

En analysant les connaissances que vous avez acquises dans ce livre, réfléchissez à la position de votre entreprise dans le domaine de l'IA. C'est le moment idéal pour commencer à étudier l'IA si vous ne l'avez jamais fait auparavant. Les avantages potentiels sont trop importants pour être négligés, et les outils et la technologie sont plus disponibles que jamais. Découvrez où l'intelligence artificielle peut être le plus utile, par exemple pour améliorer l'interaction avec les clients, accélérer les processus ou stimuler l'innovation. Débutez modestement, testez plusieurs utilisations de l'intelligence artificielle et réduisez progressivement vos efforts au fur et à mesure que vous acquérez de l'expertise et de l'assurance.

Le chemin ne s'arrête pas là pour ceux qui ont déjà commencé à intégrer l'intelligence artificielle dans leur entreprise. Afin de garder une longueur d'avance dans le domaine en évolution rapide de l'intelligence artificielle, il faut constamment étudier, s'adapter et innover. Continuez à rechercher de nouveaux développements en intelligence artificielle, affinez vos tactiques et faites les investissements nécessaires dans l'infrastructure et le personnel pour soutenir vos efforts. Rappelons que l'intelligence artificielle a la capacité de démocratiser le succès et de permettre aux entreprises de toutes tailles de rivaliser et de prospérer. Ce n'est pas seulement un outil pour les grandes entreprises.

Grâce à l'intelligence artificielle, il existe des possibilités jamais vues auparavant d'uniformiser les règles du jeu pour les petites et moyennes entreprises en leur donnant accès aux mêmes ressources puissantes que leurs concurrents plus importants. Vous pouvez augmenter la satisfaction de vos clients, devenir plus compétitif et saisir de nouvelles opportunités commerciales en intégrant l'IA. L'intelligence artificielle a un énorme potentiel pour propulser le succès commercial, mais elle a également besoin de vision, de dévouement et d'une volonté d'adaptation.

En résumé, la révolution de l'intelligence artificielle est arrivée et a un effet significatif sur les entreprises. Que vous débutiez dans l'intelligence artificielle ou que vous ayez un long chemin à parcourir, le secret du succès réside dans l'innovation, l'apprentissage constant et l'adoption intelligente. Acceptez les opportunités offertes par l'intelligence artificielle, et vous serez non seulement en mesure de gérer les difficultés du climat économique actuel, mais aussi de préparer votre organisation à un succès à long terme dans un avenir où l'intelligence artificielle devient de plus en plus répandue. Ceux qui sont prêts à utiliser l'IA à leur plein potentiel ont maintenant l'avantage à l'avenir.